Maria Leondin

Das große Buch der Talismane und Amulette

Maria Leondin

Das große Buch der
Talismane
und
Amulette

Schutz für alle Lebenslagen

tosa

Alle Rechte vorbehalten.
Bildnachweis: Silvia Gredenberg (Seite 32), Werner K. Müller
(Seiten 30, 123), Ulrike Müller-Kaspar (Seiten 51, 60, 61, 65, 86,
96, 111, 112, 113, 116, 127-130, 131 unten, 132–136, 139–150, 156,
165, 173), alle übrigen Fotografien: Wolfgang Zettl, Wien.
Satz und Layout: www.textwerkstatt.at
Umschlagentwurf von Peter Udo Pinzer mit einem Foto
„Gallus-Kreuz" von Peter Udo Pinzer, Eppstein, zur Verfügung
gestellt
Copyright © 2005 by Tosa Verlag, Wien
Druck: Tlaciarne BB s.r.o., Slovakia

www.tosa-verlag.com

Inhalt

Inhalt

Die meisten
Menschen haben
bereits mit
Talismanen
Bekanntschaft
gemacht.

Einleitung

Amulette sind etwas für unreflektierte Heiligenanbeter, aber nichts für den modernen Menschen? Talismane nutzen den Konten schlauer Anbieter auf dem Eso-Markt, aber sicher nicht ihren Besitzern? Wenn Sie das so sehen wollen, befinden Sie sich auf den ersten Blick in bester Gesellschaft. Direkt befragt, glauben heutzutage erstaunlich viele Menschen, dass sie weder Einblick in die Welt der Talismane besitzen noch jemals mit Aberglauben dieser Art persönlich in Berührung gekommen sind.

Aber: Stimmt das wirklich? Hatten Sie als Kind wirklich keinen tierischen Begleiter aus Plüsch im Bett, der Sie vor

7

der Dunkelheit der Nacht beschützen und in Zeiten von Kummer trösten sollte? Gab es tatsächlich in Ihrem Leben keine Zeiten, in denen Ihre Taschen hübsch gefärbte Steine, Murmeln oder interessant geformte Holzstücke enthielten, die Sie berührten, wenn es aufregend, angsteinflößend oder auch nur langweilig wurde? Können Sie sich nicht mehr an die kleinen, bunten Glücksbringer aus dem Kaugummiautomaten erinnern, die weit über ihren materiellen Wert hinaus wichtig für Sie waren? Oder an jene begehrten 10-Pfennig-Stücke, deren Serienkennzeichnung über der Zahl kein „A", „F" oder „J" war, sondern ein „G" wie Glück?

Das waren nichts weiter als unbewusste Spiele, kindliche Sammelleidenschaft oder Einbildung? Natürlich, so kann man diese Schätze der Kindheit auch sehen. Doch versetzen Sie sich noch einmal – so gut es als Erwachsener eben geht – in die Zeit der Kindheit zurück. Erinnern Sie sich? Damals haben all diese Dinge auf die eine oder andere Weise tatsächlich gewirkt.

Hier noch ein paar weitere Beispiele: Trugen Sie als Kleinkind nicht auch ein Kettchen mit einem Kreuz zur Erinnerung an Ihre Taufe um Ihren Hals? Oder einen jener kleinen Sternzeichenanhänger als Hinweis auf Ihren Geburtsmonat? Hatten Sie keine Ohrringe mit einem kleinen Halbedelstein? Oder ein Bettelarmband, an dem sich Marienkäfer, Hufeisen und andere Glückssymbole aneinander reihten? Besaßen Sie als Teenager nie einen Anhänger, der Sie auf eine nur Ihnen bekannte Art und Weise mit Ihrer heimlichen Liebe verband – etwa, weil die Farbe des Steins Sie an die Farbe seiner Augen erinnerte? Und noch ein Weilchen später trugen Sie und Ihr Liebster vielleicht sogar die beiden Teile einer Mün-

Manche Münzen gelten auch als Glücksbringer, andere nur als Zahlungsmittel.

8

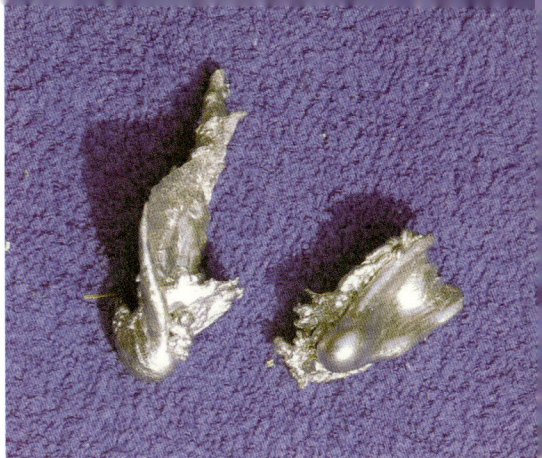

ze um den Hals? Vom Ring am Finger ganz zu schweigen?

Das war nichts weiter als Schmuck? Sicher – Ketten, Armbänder und Ringe schmücken den Menschen. Durch ihr Material, ihre Form, ihre Symbolik verweisen sie jedoch auch noch auf etwas anderes, dahinter Liegendes. Im Fall des Verlobungs- und des Eheringes etwa auf die (erwünschte) Unendlichkeit der Bindung. Und beim ersten Milchzahn des Kindes, den die Mutter in Gold gefasst um den Hals trägt, tritt für Unbeteiligte der schmückende Aspekt ohnehin in den Hintergrund.

Glücksbringer bereichern unsere Welt, auch wenn wir sie nicht am Körper tragen. Kennen Sie Autofahrer, die den ersten Schuh ihres Kindes vom Rückspiegel baumeln lassen? Oder die dort einen Rosenkranz oder ein Bildnis des heiligen Christophorus hängen haben? Das lässt sich weder mit Schmuck noch mit kindlicher Sammelleidenschaft erklären. Hier ist es explizit die Symbolik, die mit diesen Gegenständen verbunden wird – und die kann für den Besitzer möglicherweise sogar eine andere sein als für den Außenstehenden.

All diese Dinge – der Ehering, der Babyschuh und das Heiligenbildnis – kann man sich vorstellen als Gefäße, die ganz spezielle Energien beherbergen. Uns modernen Menschen fällt es bisweilen schwer, diese Energien zu spüren. Unsere Vorfahren waren darin noch geübter. Aber lassen Sie sich einmal auf das Experiment ein und versuchen Sie es. Sie werden sehen, nach ein bisschen Übung ist es gar nicht so schwierig.

Es ist so ähnlich wie mit dem Lesen eines Buches: Sie können es anfassen, hochheben, abwiegen und beschreiben. Aber erst wenn Sie das Buch aufschlagen und zu lesen beginnen, erschließt sich der Inhalt und damit eine ganz andere Dimension der Information.

Das Bleigießen gehört in vielen Familien zu den Ritualen zum Jahreswechsel.

Ähnlich ist es bei Talismanen, Amuletten und anderen Glücksbringern. Da ist zunächst das, was das Auge sieht – eine Spirale, einen Anhänger in Form eines Sternzeichens oder einen hübschen Stein. Diese Formen wurden Jahrhunderte hindurch von Menschen überall auf der Erde mit bestimmten Inhalten in Verbindung gebracht, bereichert, verändert und aufgeladen. So entstand eine ganz eigenständige Energie, die niemals vollständig beschrieben werden kann. Denn jeder neue Mensch, der sich mit dieser Energie beschäftigt, verändert sie wieder ein kleines bisschen. Erstaunlicherweise wird die Kraft der Symbole dadurch aber nicht kleiner. Im Gegenteil, sie lädt sich immer stärker auf und stellt dem Einzelnen genau das zur Verfügung, was er im Augenblick benötigt.

Oft wissen Menschen, die Glücksbringer einsetzen, nicht genau um deren symbolische Kraft. Im Grunde ist es auch belanglos. Symbole wirken auch, ohne dass man um sie weiß oder an sie glaubt. Was jedoch noch lange nicht heißt, dass man sie sich nicht bewusst zunutze machen kann.

Dieses Buch will Ihnen das zusammengetragene alte Wissen um mögliche Symbolwirkungen und ihre Aktivierung zugänglich machen. Darüber hinaus will es Ihnen eine Vielzahl von Anregungen geben, wie Sie Ihr Leben durch die Beschäftigung mit Amuletten und Talismanen bereichern können. Womit allerdings nicht gemeint sein soll, dass Glücksbringer Ihnen künftig alle Hindernisse aus dem Weg räumen werden. Sie müssen Ihren Lebensweg schon selbst gehen. Dabei ist die bewusste und die unbewusste Auseinandersetzung mit den eigenen Lebensthemen die eigentliche Turbokraft. Talismane und Amulette sind nur die kleinen Helferlein, die es Ihnen ab und zu etwas leichter machen können.

Drachen gelten als Glücksbringer. Dieser hat mit Lizea-Duft als Talisman die Entstehung dieses Buches begleitet.

Glücksbringer und Beschützer

Seit Urzeiten erschließt sich die Menschheit eine Welt, die weit über das zunächst Offensichtliche, Materielle hinausgeht. Egal auf welchem Teil unseres Globus und zu welcher Zeit – immer gab es Gegenstände, Formen und Farben, denen mehr Kraft und Bedeutung zugeschrieben wurde, als sie auf den ersten Blick zu besitzen schienen. Das Prinzip dahinter war und ist bis heute das Gleiche: Ausgangspunkt war zunächst eine leicht zu beobachtende Eigenschaft wie die Kraft der Sonne als alles überstrahlende Energiequelle oder der Mut eines Tieres im Kampf.

Um sich diese Qualitäten zunutze zu machen, eignete sich der Mensch einen kleinen Teil des Objekts seiner Bewunderung an. Er hängte sich den Hauer eines Ebers um den Hals, um dieselbe wilde Entschlossenheit im Kampf zu besitzen wie dieses Tier. Er schmückte den Eingangsbereich zu seiner Behausung mit dem Kopf eines erlegten Bären, um sich die riesigen Kräfte des bezwungenen Gegners als Schutz zunutze zu machen. Und er sammelte Samen, Eicheln und Kastanien in einem Beutel, den er bei sich trug, um ebenso fruchtbar zu werden wie die Pflanze.

Knochen, Haut, Fell, Federn und Zähne von Tieren, Steine, Metalle, Wurzeln und andere Teile von Pflanzen wie Samen, Blüten oder Blätter – so ziemlich alles, was Mutter Natur dem Menschen schenkt, kam als Stellvertreter für die diesen Dingen innewohnende Kraft in Frage.

Eberzähne stehen für die Kraft des Ebers.

11

Im Verlauf der Menschheitsgeschichte wurden die Glück bringenden oder Unglück abweisenden Dinge abstrakter. Der Kreis als Zeichen der Unendlichkeit, das Pentagramm mit seinen fünf Spitzen, das bereits vor 3000 Jahren als Symbol für Ecken und Winkel verwendet wurde und Schutz spenden sollte, oder die Spirale als Bildnis des Lebens sind nur einige Beispiele.

Eine besondere Leistung bei der Beobachtung der Natur entwickelte sich bereits im 3. Jahrtausend vor Christus. Mit der genauen Betrachtung des Sternenhimmels entstand die Vorstellung, die Gestirne repräsentierten Gottheiten, die mit ihren speziellen Eigenschaften auch das Geschehen auf der Erde beeinflussten. Zur Verwendung der himmlischen Symbole für schützende oder unterstützende Bildnisse war es nur ein kleiner Schritt, eine Entwicklung, die sich durch die Verwendung der Tierkreiszeichen auf Amuletten bis heute erhalten hat.

Generell waren die spirituellen Vorstellungen der Menschen überall auf der Welt eine reichhaltige Quelle, die auch hilfreiche Unterstützung im Alltag bereitstellte. Je nach Kulturkreis und Zeit waren es Abbildungen von Gottheiten, heiligen Tieren oder heiligen Symbolen wie die Hand der Fatima im Islam oder das Kreuz im Christentum. Speziell in der christlichen Welt spielten lange auch Reliquien eine wichtige Rolle – leibliche Überreste von Heiligen oder einfach Gegenstände, die Jesus Christus oder einer der Heiligen berührt hatte.

Dieser kurze Ausflug in die Menschheitsgeschichte zeigt, dass so gut wie alles als Talisman oder Amulett dienen kann. Es kommt ganz darauf an, was jemand diesem Gegenstand oder Symbol zuschreibt. Wenn Sie wollen, können Sie auch einen Gegenstand des

Alles kann ein Talisman werden. Dieser rote Fisch wurde von den Kindern, denen er gehört, zum Schutzgeist des Swimmingpools erhoben.

täglichen Lebens zu Ihrem speziellen Talisman für eine Situation erklären; etwa eine altgediente, aber gut funktionierende Schere, wenn es um eine klar zu vollziehende Trennung geht, oder einen Fingerhut, wenn Sie sich gegen die Sticheleien von Kolleginnen und Kollegen schützen wollen. Sie müssen nur – ähnlich wie unsere Vorfahren in der Urzeit – Ihre Umgebung sorgfältig beobachten und überlegen, welche Dienste Ihnen diese Gegenstände im übertragenen Sinne leisten können.

Ebenso klar ist aber auch, dass Sie sich die Erfahrungen vergangener Generationen zunutze machen können. So wie das Rad nicht täglich neu erfunden werden muss, so kann man auch bei der Herstellung und Aktivierung von Talismanen und Amuletten auf jenes Wissen zurückgreifen, das zum Teil seit Jahrtausenden existiert und ständig ausgebaut und verstärkt wurde.

Solche Astern helfen, trotz der schwindenden Kräfte des Alters Freude am Leben zu haben.

Talisman oder Amulett?

Wünschen Sie sich Erfolg für eine ganz bestimmte Situation, etwa ein Gespräch mit Ihrem Chef? Oder sehnen Sie sich ganz allgemein nach etwas mehr Glück im Leben? Sie wollen sich vor einem ganz speziellen Unglück wie einem Autounfall schützen? Oder möchten Sie ganz generell Unglück jeglicher Art abwenden? Die Motive, um sich einen Glücksbringer zu besorgen, sind so zahlreich wie die Situationen, denen man täglich begegnet. Doch welcher magische Helfer passt zu welcher Gelegenheit? Und: Wo ist eigentlich der Unterschied zwischen einem Amulett und einem Talisman? Schlagen wir doch einfach einmal nach:

Der Drache ist bei den Chinesen ein Glückssymbol – auch als Vertreter des Tierkreises: Er kann mit jedem und jeder mit ihm.

Amulett (lat.) das; -(e)s, -e: kleinerer, als Anhänger (bes. um den Hals) getragener Gegenstand in Form eines Medaillons o. Ä., dem besondere, Gefahren abwehrende od. Glück bringende Kräfte zugeschrieben werden; vgl. Fetisch u. Talisman.

Fetisch (lat.-port.-fr.) der; -s, -e: Gegenstand, dem helfende od. schützende Zauberkraft zugeschrieben wird (Völkerk.); vgl. Amulett u. Talisman.

Talisman (gr.-mgr.-arab.-roman.) der; -s, -e: Glücksbringer, Maskottchen, vgl. Amulett u. Talisman.

14

Maskottchen (provenzal.-fr.) das; -s, -; u. Maskotte, die; -, -n: Glück bringender Talisman (Anhänger, Puppe u. a.).

Aus: Duden, Band 5, Fremdwörterbuch, Dudenverlag Mannheim, Leipzig, Wien, Zürich.

Sie sehen selbst: Der Duden unterscheidet kaum zwischen Amulett, Fetisch, Talisman und Maskottchen. Im täglichen Sprachgebrauch haben wir allerdings sehr wohl im Laufe der Zeit Vorstellungen entwickelt.

So versteht man unter einem Amulett einen relativ kleinen Gegenstand, oft in Form einer Münze, der um den Hals getragen wird und seinen Träger vor Unglück schützen soll. Es ist speziell für seinen Träger „programmiert". Das heißt, dass ein Amulett bei jenem Menschen am besten wirkt, für den es angefertigt oder gekauft wurde.

In Ausnahmefällen kann man ein Amulett auch weitergeben. Man sollte dies aber ganz bewusst machen. Zu diesem Zweck reinigt man den Glücksbringer zunächst und führt dann ein eigenes Aktivierungsritual aus, bei dem man ihn bittet, seine Kräfte auch dem neuen Besitzer zur Verfügung zu stellen. Danach kann man ihn seinem neuen Besitzer übergeben. Man sollte dies aber jedenfalls mit dem Hinweis begleiten, dass man dieses Amulett mit guten Erfahrungen selber benutzt hat und man es gerne zurücknimmt, wenn es seinem neuen Träger keine guten Dienste erweist oder er sich nicht rundherum wohl damit fühlt.

Grundsätzlich können Amulette sehr unterschiedliche Schutzfunktionen haben. Es gibt welche, die ihre Träger ganz allgemein vor jedem Unglück schützen. Andere haben dagegen ganz bestimmte Aufgaben. So schützt das im arabischen Raum verbreitete Horus-Auge seinen Besitzer beispielsweise vor dem so genannten „bösen Blick", das

Diese Schäferin aus Ton bringt durch Material und Gestalt Geborgenheit ins Haus.

15

Talisman oder Amulett?

heißt, vor allen bösen Absichten anderer Menschen. Ein anderes Beispiel ist der heilige Christophorus, der den Reisenden sicher und unversehrt an sein Ziel begleiten soll, so wie er einst das Jesuskind sicher durch die Fluten trug.

Besonders deutlich wird die Abwehrfunktion des Amulettes bei den Kelten. Besonders problematischen Toten, etwa gefährlichen Gegnern, schwarzen Magiern oder Behinderten, gaben sie ganze Amulettsammlungen mit ins Grab, um diese Personen zuverlässig dort zu bannen.

Im Gegensatz zu dieser abwehrenden Funktion wird dem Talisman traditionell eine zutragende, aktive Rolle zugestanden. Das Wort Talisman kommt vom arabischen „tilsam", dem „Zauberbild". Es soll selber aktiv werden und Gutes bewirken, so wie das Hufeisen, das mit der Öffnung nach oben über die Tür genagelt wird, um das Glück anzuziehen und einzusammeln. Vereinfacht gesagt ist ein Talisman ein Gegenstand, den Sie mit einer Aufgabe betraut haben. Dabei wirkt er umso kräftiger, je größer seine Symbolkraft ist – oder anders gesagt, je mehr Menschen diese Form von Talisman durch die Jahrhunderte mit einer bestimmten Energie aufgeladen haben.

Weitere Unterscheidungsmerkmale sind die Größe und der Ort, wo Amulette und Talismane eingesetzt werden. Während man das meist kleinere Amulett ständig am Körper trägt, werden die größeren Talismane oft an bestimmten Orten gelassen, um ihre Besitzer aus der Ferne zu unterstützen. In der Praxis ist es jedoch so, dass die Grenzen verschwimmen. Viele Menschen tragen Amulette, von denen sie sich aktive Unterstützung im Alltag erhoffen und nicht nur die Abwehr schlechter Energien. Es ist, wie so oft im Leben, im Grunde nur eine Frage der Sichtweise. Schützt ein Amulett

Lucky Man, unser Haus-Buddha. Das Amulett verstärkt seine harmonisierende Wirkung zusätzlich.

gegen Armut oder verschafft es seinem Träger das notwendige Geschick bei finanziellen Angelegenheiten?

Der Vollständigkeit halber sei noch auf die Begriffe Fetisch und Maskottchen eingegangen. Unter einem Fetisch versteht der Sprachgebrauch häufig mit sexuellen Zwangsvorstellungen besetzte Gegenstände wie Schuhe oder Damenstrümpfe. Dass derartige Dinge ihren Besitzern – wenn überhaupt – nur flüchtige Glücksmomente verschaffen und im Gegenteil eher geeignet sind, Unglück auszulösen, versteht sich schon aufgrund der mit ihnen verbundenen Zwanghaftigkeit. Daher wundert es nicht, dass der Begriff Fetisch in unseren Breiten nur selten für magische Glücksbringer verwendet wird. Für andere Kulturen wie Naturreligionen mit Voodoo-Praktiken ist das anders. Wir wollen allerdings bei unserer Sprachtradition bleiben und werden den Begriff des Fetischs nicht weiter verwenden.

Der Begriff des Maskottchens ist dagegen weitaus weniger problematisch. Unter ihm versteht man in aller Regel einen Talisman in Tiergestalt. Manchmal handelt es sich sogar um lebende Tiere, so wie die beiden Ponys, die viele Jahre für die österreichische Garde die Trommeln trugen und die dem Regiment Glück bringen sollten. Andere Beispiele finden sich in zahlreichen Sportvereinen, die eine Ziege oder ein anderes Kleintier halten, um das eigene Wettkampfglück zu beflügeln.

Generell ist gegen lebende Talismane nicht viel einzuwenden. Man sollte sich nur der doppelten Verantwortung bewusst sein. Fehlt einem die Zeit für eine angemessene Pflege oder kann man dem Tier aus anderen Gründen nicht die notwendigen Lebensumstände bieten, riskiert man neben dem Tierleid auch, dass sich der Glücksbringer

Diese Vortex sind geschliffene Bergkristalle, verstärkt durch energetische Zellen. Um einen solchen Vortex zu tragen, sollte man sich speziell vorbereiten.

in sein Gegenteil verwandelt. Denn der schlechte energetische Zustand eines Hausgenossen kann einem auch selber
Energie entziehen. Und dann verkehrt sich die Wirkung
des Maskottchens in ihr Gegenteil.

Zudem sollte man eines im Auge behalten:
Talismane sollten anlassbezogen entstehen
und der Natur zurückgegeben werden, wenn
sie ihre Aufgabe erfüllt haben. Das bedeutet,
dass man sie üblicherweise eher kurzfristig ein-
setzt.

Ein Beispiel wäre ein Wächter der Schwelle,
den man an die Eingangstür hängt, um Unglück vom Haus oder der Wohnung abzuhal-
ten. Nach einer gewissen Zeit, vielleicht nach
einem Jahr, übergibt man den Talisman mit
Dank für seine Unterstützung wieder den vier
Elementen und bastelt sich einen neuen, für
die aktuelle Situation besser geeigneten.
Dieser neue Talisman muss übrigens gar nicht
anders aussehen als der alte. Es genügt, dass
Sie ihn aktuell für die gerade bestehende
Lebenssituation neu erstellen und programmieren. Erfahrungsgemäß wird er aber anders
aussehen, selbst wenn Sie sich alle Mühe
geben, ihn genau wie seinen Vorgänger zu
machen. Schließlich hat sich in Ihrem Leben
im Laufe eines Jahres auch einiges verändert,
wodurch Sie für das nächste Jahr etwas anders

Lassen Sie sich vom freundlichen Bild nicht täu-schen: Unfreund-liche Gäste be-grüßt der Elch mit seinem Geweih!

geartteten Schutz und eine andere Form der Unterstützung
benötigen. Bei lebenden Maskottchen ist diese Aktuali-
sierung und die Rückgabe an die Natur nicht gut möglich.

Allen Bedenken lebenden Maskottchen gegenüber zum
Trotz ergibt es sich manchmal, dass ein lebender Talisman
Einzug in einen Haushalt hält. So geschah es bei einem
unserer Söhne, der sich jahrelang ein Haustier wünschte.

Leider sprach eine massive Tierhaarallergie massiv gegen diesen Wunsch. Doch schließlich hatte der 11-Jährige uns davon überzeugt, dass sein ganzes Glück von einem eigenen Tier abhängen würde. Also ließen wir uns erweichen und schenkten ihm zu Weihnachten zwei kleine Landschildkröten. Zwei Tage lang dachte der Junge über alle möglichen Namen nach, beriet sich mit Freunden und Geschwistern und dann war es klar: „Glück" und „Segen" waren bei uns eingezogen. Mögen seine beiden Maskottchen ihn möglichst lange begleiten. Er hat es verdient.

Bei allen Vorbehalten gegen lebende Talismane: Wenn sie schon „Glück" und „Segen" heißen, sind diese Schildkröten wohl echte Talismane.

So finden Sie Ihre Glücksbringer

Was ist Glück?

Bevor Sie sich mit Glücksbringern aller Art umgeben, könnte es sinnvoll sein, wenn Sie sich mit der Frage befassen, was für Sie ganz persönlich Glück ist.

Wer hat Ihrer Meinung nach mehr Glück – ein Lottogewinner, der plötzlich mehrere Millionen Euro auf seinem Konto hat, oder ein Mensch, der ein ganzes Jahr hindurch nicht wirklich ernsthaft erkrankt ist? Einer, der auf der Karriereleiter eine Stufe weiter klettern konnte, oder einer, dem seine Arbeit tiefe Befriedigung bereitet? Einer, der sich alles kaufen kann, oder einer, der sich über Kleinigkeiten freut?

Sie sehen, Glück ist eine sehr subjektive Angelegenheit, bei der es stark auf die eigene Perspektive ankommt. Freuen wir uns an dem, was wir haben oder können, oder sehnen wir uns nach dem, was wir (noch) nicht haben und (noch) nicht können? Es ist die berühmte Frage nach dem halb vollen oder dem halb leeren Glas.

Eines ist jedenfalls sicher: Materieller Wohlstand ist nur in den seltensten Fällen ein echter Glücksmaßstab. Sonst müssten die Lottogesellschaften nicht eigens Psychologen beschäftigen, welche die glücklichen (?) Gewinner in der Zeit, nachdem sie das große Los gezogen haben, betreuen.

Glück ist eine sehr subjektive Sache. Was ist es für Sie?

20

Und sonst gäbe es auch nicht so viele Aussteiger, die sich irgendwann in der Mitte ihres Lebens entschließen, sich von ihren materiellen Gütern zu trennen und irgendwo noch einmal ganz von vorne anzufangen.

Eva Ulmer-Janes, eine Schülerin des peruanischen Schamanen Don Eduardo, bringt in ihrem Buch „Magie ist keine Hexerei" eine besonders schöne Definition des Wortes Glück. Sie schreibt: „Glück bedeutet, zur rechten Zeit am rechten Ort und offen genug zu sein, um das, was einem gerade zufällt, auch wahr- und anzunehmen." Und

Auch wenn man nur Symbole einsetzen sollte, deren Bedeutung man genau kennt, ist dieses chinesische Glückssymbol relavit unverfänglich.

etwas weiter: „Jeder Mensch hat Glück, in dem Sinne, dass sich ihm immer wieder Möglichkeiten eröffnen, an die er bisher nicht gedacht hat, und dass es ihm gegeben ist, mit sich und seiner Umwelt in Harmonie zu leben."

In diesem Sinne sind Talismane und Amulette Hilfsmittel auf dem Weg, diese Harmonie mit sich und seiner Umwelt herzustellen.

Was darf Fortuna für Sie tun?

In dieser Frage liegt bereits der wichtigste Hinweis, wie Sie zu Ihren ganz persönlichen Glücksbringern für alle Lebenslagen kommen: Machen Sie sich zunächst Gedanken darüber, wo Sie Unterstützung brauchen könnten, um mit sich und Ihrer Umgebung in Harmonie zu leben. Dies kann Ihre Gesundheit betreffen, Liebesangelegenheiten, die Familie oder berufliche Dinge.

Meist brauchen Sie Ihre Glücksbringer nicht zu suchen: Sie laufen Ihnen zu.

Haben Sie Ihr Anliegen klar definiert, werden Ihnen Ihre Glücksbringer begegnen. Sie brauchen sie nicht zu suchen. In aller Regel suchen diese Gegenstände Sie. Verlassen Sie sich einfach auf Ihr Gefühl. Sie werden spüren, wenn Ihnen etwas Geeignetes zufällt.

Selbst gemacht oder gekauft?

Grundsätzlich kann alles für Sie zum Talisman werden – eine schöne Kette, ein schönes Bild, ein Stofftier, eine Kinderzeichnung oder ein hübscher Stein.

Das heißt allerdings nicht, dass Sie sich nicht auch einen ganz individuellen Talisman anfertigen können, der nur von Ihnen mit einer bestimmten Aufgabe betraut wurde. So haben wir einige Jahre hindurch Bilder von unseren Urlaubsreisen mitgebracht, sie mit allen guten Gefühlen während der Reise programmiert und sie als Glücksbringer im Haus verteilt. Egal, ob Sie nun einen ganz individuellen oder einen mit symbolischen Energien aufgeladenen Gegenstand wählen: Wichtig ist, dass Sie sich über Ihr Anliegen Klarheit verschaffen und den inneren Bezug zwischen dem künftigen Glücksbringer und Ihrer Person spüren.

Natürlich können Sie Ihren Glücksbringer oder Ihr Amulett auch kaufen. Weihnachtsmärkte, Basare und Juweliere sind wahre Fundgruben. Allerdings fehlt in einem solchen Fall die ausführliche innere Auseinandersetzung mit dem Thema, die beim Suchen, Sammeln und Bearbeiten von Materialien naturgemäß stattfindet. Manchmal geht es nicht anders, etwa, wenn Sie ein besonders fein gearbeitetes, kompliziertes Symbol verwenden wollen. Außerdem ist es erfahrungsgemäß oft so, dass man sich von einem bestimmten Schmuckstück besonders angezogen fühlt. Wenn dem so ist, dann zögern Sie nicht aus falsch verstandenem Handwerkerstolz, sondern greifen Sie ruhig zu. Sie können die Beschäftigung mit dem Thema ja bei einem ausführlichen Reinigungs- und Aktivierungsritual nachholen.

Diese Figur soll ihren Besitzer irgendwann an die Südspitze Afrikas führen.

Je exotischer, desto wirksamer?

Eine Einschränkung sei noch erlaubt. Suchen Sie einen allgemeinen Glücksbringer oder ein Schutzamulett, so sollten Sie im Zweifel Symbolen aus Ihrem eigenen Kulturkreis den Vorzug geben. Das hat nichts mit besser oder schlechter zu tun. Es ist nur einfach so, dass unser gespeichertes Wissen sich mit den Traditionen unserer Kultur meist am besten auskennt. Innerhalb dieser greifen wir daher eher instinktiv zu jenen, die uns wirklich optimal stärken und unterstützen. Bei einem chinesischen, indischen, keltischen, indianischen

oder afrikanischen Symbol können wir schon einmal haarscharf daneben greifen und wundern uns dann, dass uns statt der großen Liebe immer wieder Angebote für einen One-Night-Stand begegnen.

Trotzdem kann uns ein Symbol anlachen, das aus einem anderen Kulturkreis stammt. Sorgen Sie in einem solchen Fall dafür, dass Sie einen sehr starken persönlichen Bezug herstellen und Ihren Glücksbringer auf diese spezielle Situation programmieren. Ein derartiger Bezug kann etwa in einem Urlaub entstehen, in dem Sie sich sehr gut erholt und viel Kraft getankt oder in dem Sie eine Lebens- oder Beziehungskrise überwunden haben. Der Glücksbringer aus diesen Ferien wird Ihnen helfen, dieses Gefühl tief in sich zu verankern.

Informieren Sie sich über die traditionelle Verwendung des Symbols in der Kultur, der es entstammt. Sonst kann Ihre persönliche Vorstellung von der traditionellen Aufladung des Talismans oder des Amuletts stark abweichen, wodurch die Kraft des Glücksbringers nicht optimal zum Zuge kommt.

Hände weg von alten Kultgegenständen! Im günstigsten Fall bringen sie Ihnen nur einfach kein Glück.

Alte Kultgegenstände

Hände weg heißt es bei Antiquitäten, die ursprünglich zu Kulthandlungen dienten. Oft handelt es sich um traditionsreiche Gegenstände, die irgendwann auf krummen Wegen in den Handel kamen. Davon abgesehen, dass Sie sich mit dem Kauf von gestohlenem Gut der Hehlerei schuldig machen – selbst wenn der Verkäufer ihr legaler Besitzer ist, wurden diese Gegenstände in aller Regel entweiht, als sie von ihrem ursprünglichen Platz entfernt wurden. Und diese Energie werden Sie sich sicher nicht ins Haus holen wollen.

Aufbewahrung und Pflege

Bei einigen Talismanen und Amuletten stellt sich die Frage der Aufbewahrung gar nicht erst. Sie haben ihren festen Platz, ein Bild etwa an der Wand, der Traumfänger über dem Bett oder am Fenster, das Amulett um den eigenen Hals. Bei vielen anderen Talismanen ist es dagegen sehr wohl relevant, wie und wo man sie aufbewahrt.

Grundsätzlich sollte man Plätze wählen, die sauber und hübsch sind und einen achtsamen Umgang mit den magischen Gegenständen ermöglichen. Steine kann man beispielsweise in einer schönen Schale auf dem Fensterbrett aufbewahren, wo man sie regelmäßig ansehen, spüren und berühren kann und wo sie durch das hereinfallende Sonnenlicht ständig gereinigt und aufgeladen werden.

Lavendel riecht nicht nur gut, er vertreibt auch Ungeziefer und negative Gefühle.

Ein besonderer Platz

Andere kleine Talismane werden zum Beispiel in einer großen Schale mit getrocknetem Lavendel aufbewahrt, in dem die Glücksbringer stecken, wenn sie gerade nicht aktiv in Verwendung sind. Darüber hinaus eignen sich eigene Schrankfächer und Kommodenschubladen zur Aufbewahrung von Gegenständen, die Sie nur zu besonderen Gelegenheiten benötigen – ein rituelles Messer, das zum Einsatz

25

kommt, wenn Sie besondere geistige Schärfe benötigen, Schals und Tücher, in die Sie sich schützend einhüllen können, und Schalen, um etwas tatsächlich oder in Gedanken sammeln zu können. In diesen Fächern könnten Sie übrigens auch jene Dinge aufbewahren, die Sie zum Reinigen und Programmieren Ihrer Glücksbringer benötigen: Kräuter, Essenzen, Kerzen und Räucherwerk.

Legen Sie diese Dinge, die in ihrer Kommodenschublade ja dem Tageslicht entzogen sind, vielleicht auf ein helles Seidentuch, damit sie zumindest energetisch einen Bezug zum Licht haben. Ein liebevoller Blick in diese Schrankfächer gehört zu den stillen, kleinen Kraftquellen, die Sie regelmäßig zum Auftanken nutzen können. Dabei fällt der Blick auch immer wieder auf einen vergessenen, lange nicht eingesetzten Glücksbringer, der dann für einige Zeit ans Licht geholt und in der Wohnung aufgestellt oder aufgehängt werden kann.

Besondere Anforderungen an ihre Behausung stellen übrigens die Moqui-Kugeln, das „lebende" Steinpaar aus Nordamerika. Da den Moqui-Steinen Eigenschaften von Lebewesen zugeschrieben werden, dürfen sie keinesfalls auf Dauer auf den Grund einer Handtasche versenkt oder in den Winkel einer Schublade verbannt werden. Sie benötigen Luft, Licht und die Aufmerksamkeit ihrer Besitzer. Tagsüber kann man sie ruhig in einer Jacken- oder Handtasche mitnehmen. Dann hat man sie bei der Hand, wenn man das Gefühl hat, ihre energetische Unterstützung zu benötigen. Über Nacht und wenn man sie nicht braucht, sollten sie dagegen ausruhen können. Eine kleine, mit einem Samttuch ausgepolsterte Schachtel ist ein guter Aufbewahrungsort. Man sollte sie nur keinesfalls mit einem Deckel verschließen, sondern sie an einem Ort aufstellen, wo sie im Sonnen- und Mondlicht Kraft tanken können.

Ein Schatzkästchen für Erde und Luft: Hier können Talismane zwischen ihren Einsätzen ausruhen.

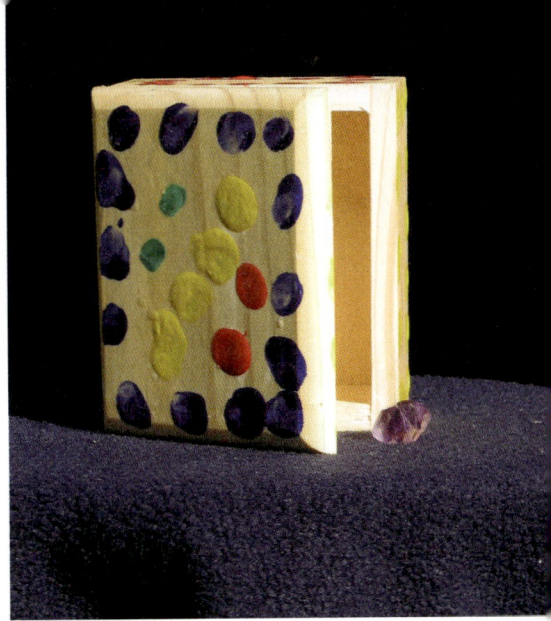

Es gibt sogar Menschen, die berichten, dass ihre Moqui-Kugeln, die sie an einem dunklen Ort vergessen haben, einfach zerbröckelt sind.

Gut gereinigt – aber wie?

Um Ihre Amulette und Talismane zu reinigen, gibt es eine ganze Reihe sehr guter Möglichkeiten. Bei vielen der in diesem Buch vorgestellten Glücksbringer finden Sie konkrete Vorschläge, wie Sie die einzelnen Bestandteile reinigen und aktivieren können. Da Sie jedoch hoffentlich auf zahlreiche eigene Ideen zur Anfertigung ganz persönlicher Talismane und Amulette kommen, finden Sie hier einige Basismethoden für alle Zwecke. Sie können dann genau jenes Verfahren auswählen, das gut zu dem von Ihnen verwendeten Material und dem von Ihnen angepeilten Zweck passt.

Grundsätzlich sollten Sie zwischen Reinigung und Aufladung oder Aktivierung des magischen Gegenstandes unterscheiden. Oft gehen diese beiden Vorgänge Hand in Hand, manchmal sind aber auch getrennte, aufeinander folgende Schritte dazu notwendig.

Zur Reinigung und auch zur Aktivierung eignen sich die Kräfte der vier Elemente Feuer, Erde, Luft und Wasser ganz ausgezeichnet, wobei in der Regel bei Feuer und Luft die Aktivierung im Vordergrund steht, bei Erde und Wasser hingegen die Reinigung. Doch wie gesagt, die Grenzen sind oft fließend, der beste Einsatz hängt eng mit der von Ihnen angestrebten Wirkung zusammen.

Bei der Auswahl der für Ihre Zwecke geeignetsten Vorgehensweise sollten Sie sich zunächst am Material orientieren. Papier oder Vogelfedern werden Sie wohl kaum mit der Hilfe des Wassers reinigen können. Metalle und Steine reagieren auf Salzwasser schnell beleidigt. Und Samen oder

Rot steht für Feuer, Grün für die Erde, Blau für das Wasser, Gelb für die Luft – in diesem Kästchen kann man einfach alles aufbewahren, sofern es hineinpasst.

27

Früchte werden in der Erde bisweilen zu stark aktiviert, keimen daraufhin aus und sind dann als Glücksbringer nur mehr bedingt einsetzbar.

Wenn Sie aufgrund des Materials bestimmte Arten der Reinigung ausgeschlossen haben, können Sie sich dem Zweck Ihres Amulettes zuwenden.

• Wenn es um den Einsatz aller zur Verfügung stehenden Kräfte, um das Erreichen von (beruflichen) Zielen, um schnelle Resultate, um Lebenslust, den Sinn des Lebens oder um Ihre persönliche Entwicklung geht, ist das Feuer die Methode der ersten Wahl.

• Im Bereich des Lernens und des Erkundens, im Falle großer Reisen, erwünschter innerer Freiheit und der Überwindung von Zeit und Raum leistet das Element Luft die besten Dienste. Es ist auch dann gut eingesetzt, wenn es um Harmonie und den inneren Frieden geht.

• Benötigen Sie Ihren Talisman dagegen für Sicherheit, Gemütlichkeit oder Genuss, aber auch für ganz bestimmte Details, für Regeln oder angestrebte, schwierige Trennungen, bietet die Erde einen guten Zugang.

• Zum Element Wasser sollten Sie in allen Gefühlsdingen greifen und wenn es um Eltern oder Kinder geht oder wenn Sie Hilfe benötigen, um bei einer schwierigen Prüfung über sich selbst herauswachsen zu können. Wer sich beispielsweise einen Talisman anfertigt, der ihn bei einer Fastenkur oder beim Abgewöhnen des Rauchens unterstützen soll, sollte ihn so weit wie möglich mit Wasser reinigen. Sofern das Material des Talismans es zulässt, ist Wasser generell ein gut einsetzbares Reinigungsmedium. Zum Aktivieren ist es dagegen ungeeignet, der Glücksbringer muss selbst Kraft entfalten können, wenn erst alle hindernden Einflüsse beseitigt sind.

Muschelsammlungen wie diese verstärken die Energie des Elements Wasser in dem Raum, in dem sie stehen.

Damit Sie sich vorstellen können, was zum Beispiel „Reinigung mit dem Element Feuer" heißen kann – schließlich sollen Sie Ihren Glücksbringer ja nicht gleich zum Einstieg verbrennen –, folgen nun Vorschläge für Reinigungsrituale zu jedem Element.

Reinigung und Aktivierung mit Hilfe des Elements Feuer

Die einfachste und unkomplizierteste Art, sich der Kraft des Feuers zu bedienen, besteht darin, den zu reinigenden und zu aktivierenden Gegenstand einige Stunden lang dem Sonnenlicht auszusetzen.

Das Licht der Sonne

Suchen Sie ein schönes Plätzchen an der Sonne, am besten im Freien; wenn dies nicht geht, auf einem südseitigen Fensterbrett. Sorgen Sie dafür, dass dieser Platz sauber ist, und breiten Sie ein goldenes, organgefarbenes oder weißes Tuch aus und platzieren Sie Ihren Gegenstand in die Mitte. Wenn Sie zusätzlich noch etwas tun wollen, können Sie einen schmückenden Kreis aus Sonnenblumen, Sonnenhut oder Rosenblättern herumlegen. Sollten Ihnen keine entsprechenden Blüten zur Verfügung stehen, etwa, weil Sie Ihr Ritual in der kalten Jahreszeit abhalten wollen, können Sie auch Zweige und Blätter immergrüner Pflanzen nehmen. Bewährt haben sich etwa Stechpalmenblätter, Kirschlorbeer und Fichtenzweige. Tanne oder Eibe sind für diesen Zweck dagegen weniger zu empfehlen.

Im Winter symbolisieren immergrüne Pflanzen die Kraft des Feuers.

Nach einigen Stunden ist Ihr Amulett oder Ihr Talisman einsatzbereit. Bei Gegenständen, die auf diese Art gereinigt und/oder aktiviert wurden, sollte man die Prozedur regelmäßig – möglichst alle vier Wochen – wiederholen.

Die Flamme der Kerze

Die Kerzenflamme ist eine Form des Feuers, das jeder in einer Wohnung entfachen kann.

Eine weitere, einfache Möglichkeit, sich des Elements Feuer zu bedienen, besteht darin, Kerzen anzuzünden.

Bereiten Sie einen hübschen, geschmückten Platz vor. Als Blumenschmuck eignen sich die gleichen Pflanzen wie bei der Reinigung mit Sonnenlicht. Farbe und Zahl der

Kerzen kann variieren. Mit drei gelben Kerzen können Sie allerdings kaum etwas falsch machen. Legen Sie die zu reinigenden Gegenstände zunächst eine Weile neben die Kerzen. Dann nehmen Sie sie in die linke Hand und streichen vorsichtig mit der Rechten zunächst durch die Flamme und dann über den Gegenstand. Wiederholen Sie das neunmal. Dabei können Sie den folgenden Satz denken oder leise aussprechen: „Ich erbitte über dich, Feuer, die Reinigung von allen störenden Einflüssen."

Sollte dagegen eher die Aktivierung im Vordergrund stehen, ersetzen Sie das Wort „Reinigung" durch „Aktivierung" und fügen Sie hinzu, zu welchem Zweck Sie diese erbitten. Oder Sie kombinieren diese beiden Varianten je nach dem, welches Gewicht Sie auf die einzelnen Funktionen legen wollen. Wechseln Sie aber nicht ab, sondern sprechen Sie zunächst die Sätze mit dem Wort „Reinigung" und dann jene mit dem Wort „Aktivierung".

Wenn Sie auf Nummer Sicher gehen wollen, bei der Programmierung eines Amuletts oder Talismans für eine bestimmte Aufgabe nicht aus Versehen in schwarzmagische Bereiche abzurutschen, dann beenden Sie das Ritual mit einer kleinen Verbeugung und den gedachten oder gesprochenen Worten: „Wenn es denn sein darf." Dann beobachten Sie die Flammen noch eine Weile.

Achten Sie auf Ihre Worte – und gehen Sie im Zweifelsfall auf Nummer Sicher.

Im Idealfall können Sie die Kerzen zur Gänze abbrennen lassen. Dauert das zu lange, löschen Sie sie mit angefeuchteten Fingerspitzen. Ausblasen sollten Sie sie nicht, sonst verblasen Sie die Wirkung des Rituals. Falls Sie sie nicht gleich abbrennen lassen, sollten Sie diese Kerzen jedenfalls für kein anderes Ritual mehr einsetzen.

Die Kraft des Feuers

Etwas aufwändiger ist es, ein echtes Feuer zu entzünden, um es zur Reinigung einzusetzen. Dazu bedarf es einiger

Übung. Zudem scheint nicht jeder Mensch in der Lage zu sein, eine derartige Feuerzeremonie erfolgreich durchzuführen. Sollten Sie daher den Eindruck gewinnen, das Feuer verhält sich während des im Folgenden geschilderten Rituals hartnäckig unfreundlich zu Ihnen, verzichten Sie besser darauf.

Eine Feuerzeremonie beginnt zunächst mit dem Auflegen eines Steinkreises und dem Bereitstellen eines großen Eimers voller Wasser sowie einer Menge lockerer Erde oder Sand, um das Feuer im Falle eines Falles schnell löschen zu können. Achten Sie bei der Wahl des Platzes auch darauf, dass keine Holzgebäude oder andere leicht brennbare Dinge in der Nähe sind, die durch Funkenflug entzündet werden könnten.

Schichten Sie dann mehrere Lagen trockenes Holz so aufeinander, dass gut Luft hinzukommt. Einige dürre Äste und Blätter stopfen Sie zwischen die Holzlagen und entzünden sie. Verwenden Sie keine künstlichen Hilfen wie Spirituswürfel. Sollten Sie das Feuer überhaupt nicht zum Brennen bringen, ist dies ein ernst zu nehmendes Indiz,

Beim Blick in ein brennendes Feuer kann man seine Gedanken wunderbar sammeln. Rundgesang hilft dabei.

dass diese Art der Zeremonie zumindest an diesem Tag nichts für Sie ist.

In der Regel wird der Holzstoß lichterloh zu brennen beginnen. Setzen Sie sich in einem sicheren Abstand zum Feuer und beobachten Sie zunächst einmal nur die Flammen. Um sich in eine leichte Trance zu versetzen, können Sie zu singen beginnen, am besten traditionelle, kurze Volkslieder und da vor allem Kanons.

Singen Sie das ausgewählte Lied so lange leise vor sich hin, bis das Feuer etwas heruntergebrannt ist und beginnt, freundlicher zu werden.

Sollte Ihnen übrigens der Rauch beim Singen ständig so ins Gesicht blasen, dass Ihre Augen zu tränen beginnen oder Sie husten müssen, ist dies ebenfalls ein deutliches Zeichen dafür, dass Sie zur Zeit nicht bereit sind, eine solche Zeremonie durchzuführen. Setzen Sie sich in solch einem Fall einfach etwas zur Seite, beobachten Sie das Feuer beim Ausgehen und wählen Sie eine andere Art und Weise, um Ihr Amulett oder Ihren Talisman zu reinigen.

Falls Sie ständig im Rauch sitzen, ist die Feuerzeremonie vielleicht an diesem Tag nicht das Richtige für Sie.

Allerdings spricht nichts dagegen, zu Beginn des Rituals zu prüfen, aus welcher Richtung der Wind kommt. Wenn das Feuer Sie nicht akzeptiert, wird Sie der Rauch erwischen, egal wo Sie sich hinsetzen. Ein junger Mann saß mehr als ein Jahr hindurch unweigerlich bei jeder Feuerzeremonie im Rauch, egal, ob er sie selbst leiten wollte oder ob er als Gast an einem Ritual teilnahm, das ein anderer leitete. Erst als sich etwas ganz Grundsätzliches in seinem Leben geändert hatte, konnte er vom Rauch unbehelligt am Feuer sitzen.

Sind die Flammen dagegen heruntergebrannt, ohne Sie von Ihrem ursprünglichen Platz vertrieben zu haben, können Sie mit der eigentlichen Reinigung oder Aktivierung beginnen. Greifen Sie zu diesem Zweck zunächst in einem Sicherheitsabstand über die Flammen und ziehen Sie sich den Rauch über Ihren Kopf. Dann nehmen Sie den Rauch

Warten Sie, bis die Flammen heruntergebrannt sind.

in einem symbolischen Akt in Ihre beiden Hände und ziehen ihn zu Ihrer Stirn. Nun versorgen Sie Ihren Hals, Ihr Herz, Ihren Bauchnabel, Ihren Unterbauch und den Schritt auf die gleiche Art und Weise mit Rauch.

Jetzt sind Sie bereit, auch Ihren Talisman oder Ihr Amulett zu reinigen. Nehmen Sie es in die linke Hand, greifen Sie mit der Rechten wieder über die Flammen und ziehen Sie den Rauch über Ihren Glücksbringer. Denken oder sprechen Sie wiederum die Worte: „Ich erbitte über dich, Feuer, die Reinigung und Aktivierung." Wiederholen Sie diese Vorgehensweise neunmal. Schließen Sie auch dieses Ritual sicherheitshalber mit den Worten „Wenn es denn sein darf" ab.

Danach beobachten Sie, wie die Flammen immer kleiner und sanfter werden und schließlich nur noch glühen. Alle Völker der Welt haben die Licht- und Schattenspiele des erlöschenden Feuers beobachtet, um sich Anregungen für ihr Leben zu holen. Sie werden sehen, dies ist nicht nur eine spannende Angelegenheit, sondern zugleich herrlich entspannend.

Lassen Sie das ausgehende Feuer keinesfalls allein. Auch ein Eimer Wasser löscht es nicht endgültig. Wollen Sie die Feuerstelle verlassen, sollten Sie unbedingt den Platz mit Erde oder Sand absichern.

Sicherheitshalber können Sie Ihr Feuer natürlich auch in einem Kamin oder einer alten Metallwanne entzünden – oder in der Trommel einer ausrangierten Waschmaschine.

> Reinigen Sie Ihren Talisman im Rauch des Feuers. Erst dann programmieren Sie ihn für seine Aufgabe.

Reinigung und Aktivierung mit Hilfe des Elements Luft

Während eine Reinigung und Aktivierung mit Hilfe des Feuer eine sehr intensive Form ist, arbeitet das Element Luft subtiler. Grundsätzlich müssen Sie bei der Nutzung des Elementes Luft eine Verbindung mit dem Feuer eingehen. Der Vorteil gegenüber einer reinen Reinigung mit Hilfe des Feuers besteht jedoch darin, dass Sie über unterschiedliche Räuchersubstanzen auch die Wirkung verändern und bereichern können.

Räuchersubstanzen für jeden Zweck

Luft-Reinigungen funktionieren mit Räuchersubstanzen wie Weihrauch, Lavendel, Salbei, Thymian, Lorbeer und Rosmarin. Legen Sie sich in der schönen Jahreszeit einen frischen Vorrat der Kräuter an, die Sie selber trocknen. Weihrauch ist in der Regel auf Weihnachtsmärkten erhältlich, ebenso wie Räucherstäbchen und Räucherkegel, die man in der Vorweihnachtszeit fast überall kaufen kann. Die in den vergangenen Jahren wieder zunehmend beliebt gewordenen Honigkegel sind ideal für alle Belange, in denen etwas zusammenhalten oder fein ausgewogen werden soll. Handelsübliche Räucherstäbchen aus Sandelholz oder Patchouli bekommt man mittlerweile sogar in Supermärkten und Drogerien. Vor allem die Räucherstäbchen aus Sandelholz sind für Reinigungsrituale hervorragend ge-

eignet, denn sie reinigen nicht nur, sondern wirken auch angstlösend und sind daher zum Aktivieren von Schutztalismanen sehr zu empfehlen. Achten Sie jedoch auf die Qualität. Es sollten keine synthetischen Duftstoffe eingesetzt werden – von denen können Sie nämlich Ihre Lungen nicht so leicht wieder reinigen.

Was Sie sonst noch brauchen

Zur Vorbereitung einer Reinigungszeremonie mit Unterstützung des Elements Luft sollten Sie sich zunächst persönlich vorbereiten. Lüften Sie den Raum, in dem das Ritual stattfinden soll, zunächst gründlich. Sorgen Sie für Ihre persönliche Unterstützung, indem Sie eine Duftlampe einsetzen, in die Sie einige Tropfen Pfefferminzöl geben. Lassen Sie vielleicht auch im Hintergrund eine Ihnen angenehme Musik laufen, die Sie stärkt und Ihnen Kraft gibt. Um das Ritual zusätzlich zu unterstützen, können Sie ein hübsches Gesteck aus Blumen oder Zweigen anfertigen.

Dann bereiten Sie eine Räucherschale vor. Denken Sie daran, dass dieses Gefäß ausgesprochen heiß werden kann. Um sich nicht zu verbrennen, sollten Sie daher einen Topflappen zu Hilfe nehmen oder die Räucherschale auf einen Untersetzer stellen. In die Schale füllen Sie etwas Räucherkohle, die Sie auf Weihnachtsmärkten und in Esoterikgeschäften erhalten. Sollten Sie zuvor eine Feuerzeremonie gemacht haben, dann können Sie auch die dort zurückgebliebenen Holzkohlenreste verwenden. Achten Sie aber darauf, dass die Stücke wirklich gut durchgekohlt sind, sonst werden Sie sie kaum zum Brennen bringen. Bevor Sie die Kohle anzünden, legen Sie das Räucherwerk, das Sie ver-

Stellen Sie solche Muschelschalen unbedingt auf einen feuerfesten Untergrund, sie wird nämlich sehr heiß.

36

wenden wollen, bereit. Getrocknete Kräuter eignen sich hervorragend für diese Art der Zeremonie, wobei vor allem der Salbei eine angstlösende und der Thymian eine krampflösende Komponente besitzt. Im Idealfall haben Sie auch eine große Vogelfeder, die Sie ebenfalls zu den übrigen Utensilien legen.

Im Rauch der Kräuter

Sobald die Kohle im Räuchergefäß glüht, können Sie mit dem Ritual beginnen. Streuen Sie etwas von den bereitgelegten Kräutern auf die Kohle und warten Sie, bis der aromatische Rauch aufsteigt. Halten Sie sich die Schale zunächst über den Kopf, dann vor Ihre Stirn, den Hals, das Herz, den Bauchnabel, den Unterbauch und den Schritt. Dann stellen Sie die Schale vor sich ab. Nehmen Sie nun den künftigen Glücksbringer in Ihre linke Hand. Sollten Sie eine große Vogelfeder haben, dann kommt diese in die rechte Hand. Streichen Sie mit Hilfe der Feder den Rauch dreimal über den Glücksbringer und erbitten Sie in Gedanken oder mit leisen Worten die Beseitigung aller störenden Einflüsse und die Aktivierung der innewohnenden Kräfte. Achten Sie bei der Formulierung darauf, sie als Bitte zu äußern. Danach lassen Sie die Zeremonie noch für einige Minuten in sich nachklingen.

Sollten Sie übrigens keine Vogelfeder besitzen, können Sie das Ritual auch nur mit Ihrer rechten Hand ausführen. Aber vielleicht ist dies ja auch eine gute Anregung, bei den nächsten Spaziergängen darauf zu achten, ob Sie nicht eine geeignete Feder finden.

Wenn Sie es sich etwas einfacher machen wollen, dann können Sie ein derartiges Ritual natürlich auch mit Räucherstäbchen oder Räucherkegeln durchführen. Für

Federn sind für Luftrituale unersetzlich. Aber nicht immer hat man das Glück, an eine echte Adlerfeder heranzukommen.

Weihrauch gibt es zudem kleine Weihrauchpfannen, unter denen man nur eine Kerze aufstellen muss. Sie sparen sich auf diese Weise das Hantieren mit Räucherschale und Kohle. Ansonsten bleibt das Ritual in seinen Grundzügen das Gleiche.

Mit des Messers Schneide

Um Glücksbringer zu aktivieren, die Ihnen helfen sollen, eine unglückliche Bindung zu lösen, sollten Sie zusätzlich zu den übrigen Ritualgegenständen ein Messer bereitlegen. Die Schärfe seiner Klinge steht ebenfalls für das Element Luft, hat aber durch das Metall der Klinge auch Feueraspekte. Daher sollten Sie sehr achtsam damit umgehen und nur das symbolisch trennen, was Sie wirklich lösen wollen.

Das Gleiche gilt für den zweiten Einsatzbereich für rituelle Messer, nämlich bei Luftreinigungen und Aktivierungen von Talismanen, die Gedankenkraft und Klarheit bringen sollen. Glücksbringer für Prüfungssituationen, die mit Messerklingen initialisiert wurden, fördern mit ziemlicher Sicherheit das zu Tage, was Sie vorher gelernt haben. War Ihre Prüfungsvorbereitung lückenhaft oder chaotisch, verstärkt der Glücksbringer diesen geistigen Zustand. Haben Sie sich dagegen systematisch vorbereitet, hilft Ihnen Ihr Talisman, die Prüfungsnervosität zu überwinden und klar zu denken.

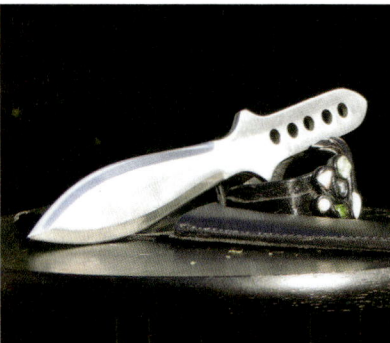

Mit derartigen Messern lassen sich wunderbar Luftreinigungen und -aktivierungen durchführen.

Zeremonien mit Unterstützung des Elementes Luft wirken manchmal etwas flüchtig. Achten Sie daher bei Luft-Reinigungen darauf, wann das Ritual zu wiederholen ist. Vor allem, wenn die Aktivierung für Sie im Vordergrund steht, kann dies recht schnell wieder notwendig werden. Reinigungen halten dagegen deutlich länger.

Reinigung und Aktivierung mit Hilfe des Elements Erde

Aus der Erde kommen wir, zur Erde werden wir. Die Erde schenkt uns vieles, das uns nährt und schützt. Getreide, Früchte, Holz und Steine – dies alles sind Geschenke der Erde, ohne die unser Leben nicht denkbar wäre. Daher nutzt der Mensch auch viele dieser Geschenke als Talisman oder Amulett. Bei deren Reinigung und Aktivierung mit Hilfe des Elementes Erde muss man daher sehr achtsam sein.

Eingraben mit Hindernissen

Grundsätzlich ist ein Erdritual denkbar einfach. Im Wesentlichen besteht es darin, den zu reinigenden Gegenstand für einige Zeit zu vergraben. Trotzdem – oder vielleicht gerade deshalb – ist Vorsicht angebracht. Getreide, Früchte und Holz reagieren bei dem Kontakt mit Erde auf ihre eigene Art und Weise. Aktiviert beginnen sie, den eigenen Entwicklungsweg fortzusetzen; entweder, indem sie austreiben, oder indem sie verwittern oder verfaulen. Daher versteht es sich von selbst, dass derartige Dinge nicht für ein großes Reinigungsritual mit Erde geeignet sind. Sie können sie höchstens für einige Tage mit einigen Krümeln Erde gemeinsam auf einen Teller legen. In diesem Fall sollten Sie sich jedoch eines weiteren Mediums, etwa des Sonnen- oder des Mondlichtes, bedienen. Mit dem Sonnenlicht rufen Sie das Element Feuer zu Hilfe, was sich besonders dann empfiehlt, wenn Sie den Gegenstand auch aktivieren wollen. Mit Hilfe des Mondlichtes steht das Ritual dagegen ganz im Zeichen der Reinigung.

Aber auch Steine kann man nicht einfach vergraben und hoffen, dass nichts weiter als eine Reinigung passiert. Denn

Vorsicht, nicht alle Gegenstände sind zum Vergraben in Erde geeignet!

39

die Erde ist kein lebloser Haufen organischen Materials. Sie ist ein Mikrokosmos, der lebt. Wer einen Stein vergräbt, um ihn nach einiger Zeit wieder auszugraben, kann sein blaues Wunder erleben. Denn genau an jener Stelle, wo er ihn ließ, ist nichts mehr vorhanden. Der Stein hat sich fortbewegt oder wurde von der Erde und ihren Bewohnern bewegt – so genau wollen Sie es vielleicht gar nicht wissen.

Aus diesem Grund empfiehlt es sich, alles was Sie für längere Zeit vergraben, sehr großflächig wieder auszugraben. Sehr praktikabel ist es aber auch, den zu reinigenden Gegenstand alternativ zum Gartenbeet in ein Kistchen mit Erde zu stecken. Das hat unter anderem den Vorteil, dass sie ihn beim Ausgraben nicht mit dem Spaten verletzen können, weil Sie ihn nicht an der richtigen Stelle suchen.

Soll der Stein künftig als Schutztalisman oder Schutzamulett Verwendung finden, aktivieren Sie ihn besonders effektiv, wenn Sie ihn für ein paar Stunden in einen Ameisenhaufen legen – merken Sie sich nur genau, wo er liegt. Dabei nutzen Sie eine doppelt verstärkte Aktivierung durch das Element Erde. Wenn Sie dies in einer Vollmondnacht machen, kommt die Qualität des Elementes Wasser hinzu, wodurch Sie auch die Reinigungsaspekte verstärken. Führen Sie dieses Ritual hingegen an einem Hochsommertag durch, so erhalten Sie zusätzlich die Energie des Elements Feuer und verstärken damit vor allem die Aktivierung der Kräfte des Glücksbringers.

Wer sein Amulett nicht in Erde vergraben mag oder kann, kann auch eine solche Dose verwenden – den Bezug zum Element Erde stellen die Ähre und das Leinen her.

Die reinigende Kraft der Steine

Ein weiteres Reinigungsritual mit Hilfe der Erde können Sie durchführen, indem Sie Steine einsetzen. Die Liste der geeigneten Mineralien und Edelsteine ist lang: Gut geeignet und häufig zu diesem Zweck eingesetzt sind der Bergkristall und der Rauchquarz oder – wenn dies Ihr Kontostand zulässt – der Diamant. Aber auch ein Saphir, Achat oder Lapislazuli, die Koralle, der orangefarbene Karneol und der Bernstein sind gut geeignet. Doch wie gesagt, das sind nur einige der in Frage kommenden Steine.

Gut bewährt hat es sich, zunächst einmal ganz unvorbereitet in ein Mineraliengeschäft zu gehen und sich dort von bestimmten Steinen anziehen zu lassen. Sie sollten bei der Auswahl nur im Hinterkopf behalten, dass es Ihnen um die Qualität des Reinigens und Aktivierens geht. Sonst kommen Sie unter Umständen mit einem Talisman nach Hause, der ein toller Glücksbringer ist, aber seinerseits zunächst Reinigung und Klärung benötigt.

Der Bergkristall ist der klassische Stein, um Dinge mit Erdenergie zu reinigen.

Vor dem ersten Einsatz bei einem Reinigungsritual mit Hilfe von Steinen müssen diese zunächst selbst gereinigt und aktiviert werden. Dies funktioniert am besten, indem Sie sie einige Minuten unter fließendes, kaltes Wasser legen. Sie können sie allerdings auch – unter den beschriebenen Vorsichtsmaßnahmen – für einige Zeit vergraben. Die beste Zeit dafür ist die Phase rund um den Neumond.

Da ein Reinigungsritual mit Hilfe der Erde üblicherweise ein Vorgang über einen längeren Zeitraum ist, benötigen Sie keine weiteren persönlichen Vorbereitungen. Sie sollten das Ritual trotzdem zu etwas Besonderem machen, sich Zeit nehmen und sich bewusst machen, was Sie wollen und was Sie gerade tun. Sollten Sie Dinge vergraben, dann unterstützen Sie diesen Vorgang mit der Bitte an die Erde, diesen Gegenstand von Ihnen wohlwollend aufzunehmen, zu klären und zu stärken. Das Gleiche bitten Sie die Steine, die Sie um einen künftigen Glücksbringer herumlegen.

Was Sie lieber nicht vergraben wollen, können Sie auf bunten Tellern oder schönen Tüchern arrangieren und

einige Steine, Blütenblätter oder Zweige darum herumlegen. Auch da sind beispielsweise Rosenblätter eine schöne, das ganze Jahr hindurch gut verfügbare Lösung. Auch Thymian- oder Rosmarinzweige eignen sich gut und erweitern die Reinigung durch Erde um einen Hauch von Luft.

Reinigung und Aktivierung mit Hilfe des Elements Wasser

In einer solchen kleinen Flasche bereiten wir oft das Wasser für Reinigungszeremonien vor.

Die Reinigung und Aktivierung magischer Gegenstände mit Hilfe des Wassers gehört zu den prosaischsten Formen. Kein Wunder, gehörte das Waschen der Hände doch Jahrhunderte lang auch in unserem Kulturkreis zu den täglichen Ritualen vor der Einnahme von Mahlzeiten. Wobei der hygienische Aspekt zwar nicht zu vernachlässigen ist – er war aber nicht der einzige. Unsere Großmütter wussten noch, dass es viel eher darum ging, reine Hände zum Tischgebet zu falten und nicht mit den zahlreichen kleineren und größeren Sünden verschmutzt mit Gott in Kontakt zu treten. Im Islam haben sich diese rituellen Waschungen vor dem Gebet bis heute erhalten.

Die Kraft des Wassers

So unkompliziert es möglich ist, sich die Hände zu waschen, so unkompliziert lassen sich auch alle möglichen magischen Gegenstände reinigen. Sie müssen Ihren künftigen Talisman nur einige Minuten in den nächsten sauberen Bach halten – oder, falls Sie nicht zu den glücklichen Menschen gehören, die heutzutage einen sauberen Bach gleich vor ihrer Haustür haben, unter den heimischen Wasserhahn. Stellen Sie einfach eine kleine Schale – am besten eignet sich eine Silberschale – unter den Wasserhahn, legen Sie den zu reinigenden Gegenstand hinein und drehen Sie das Wasser ganz leicht auf. Es muss kein großer Durchfluss entstehen, es reicht, wenn beständig ein wenig Wasser über den Schalenrand schwappt. Nach fünf bis zwölf Minuten ist eine derartige Reinigung abgeschlossen.

Vorsicht – Salz!

Manche Menschen verwenden auch gerne Salzwasser für Reinigungsrituale. Hier ist allerdings Vorsicht angebracht. Tatsächlich gehört ein Bad in Salzwasser zu den besten Methoden, die menschliche Aura zu reinigen. Metalle und viele Mineralien reagieren dagegen oft beleidigt auf eine derartige Behandlung. Da ist es besser, Sie verwenden normales Leitungs- oder Quellwasser zum Baden Ihrer Steintalismane oder Metallamulette, das Sie für Ihr Reinigungsritual

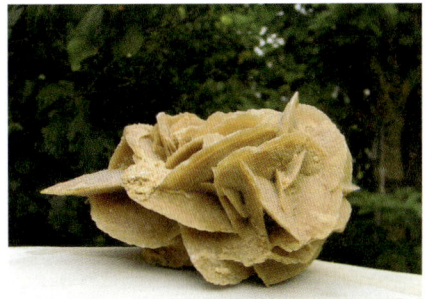

Vorsicht beim Einsetzen von Salz – es hat eine kräftige Eigenenergie, die Metallen und vielen Mineralien nicht gut tut.

entsprechend weihen. Dies kann beispielsweise dadurch erfolgen, dass Sie einige Tropfen Weihrauch- oder Sandelholzöl in eine Silberschale voll Wasser geben und diese in einer Vollmondnacht ins Mondlicht stellen. Bitten Sie das Wasser, Kräfte zu sammeln, um Sie bei Ihrem Reinigungsritual unterstützen zu können. Und gießen Sie es nach dem Ritual nicht einfach achtlos weg, sondern bedanken Sie sich zunächst für seine Hilfe und gießen Sie dann nach Möglichkeit ein Efeugewächs, eine Eiche, eine Kiefer oder einen Wacholderstrauch damit.

Trockenreinigung mit dem Element Wasser

Sollten Sie übrigens eine Reinigung mit Hilfe des Elements Wasser durchführen wollen, obwohl sich das Material Ihres

Talismans nicht dafür eignet, können Sie auch nur das Mondlicht zu Hilfe holen. Legen Sie den Gegenstand auf einen Silberteller und setzen Sie ihn in einer Vollmondnacht oder kurz danach dem Mondlicht aus.

Für Aktivierungen eignen sich die anderen Elemente zwar besser, sollten Sie dennoch das Element Wasser einsetzen wollen, dann eignet sich das Licht des zunehmenden Mondes knapp vor dem Vollmond am besten dazu. Starke Mondenergie holen Sie auch mit dem Silbergreiskraut auf die Erde. Stecken Sie den zu aktivierenden Talisman einfach über Nacht zwischen seine Blätter.

Silbergreiskraut holt die Mondenergie auf die Erde – Talismane, die zwischen seinen Blätter stecken, werden mit Hilfe des Elements Wasser gereinigt und aufgeladen.

Universelle Zeichen und Formen

Egal, ob Sie sich einen Talisman kaufen oder ob Sie ihn selber herstellen, achten Sie jedenfalls auf archetypische Zeichen und Formen. Wenn Sie diese geschickt einsetzen, aktivieren Sie eine Kraft, die Menschen überall auf dieser Welt jahrtausendelang erschaffen haben.

Im Folgenden finden Sie Kurzbeschreibungen der wichtigsten universellen Bilder. Diese Liste erhebt – wie alle Listen in diesem Buch – keinen Anspruch auf Vollständigkeit. Vielmehr sollen Sie anhand dieser Beispiele ein Gefühl dafür bekommen, wie Symbolkräfte abgeleitet werden. Mit der Zeit werden Sie merken, wie Sie auch ohne Anleitung ein zunehmend besseres Gespür für den Symbolwert von Formen und Zeichen entwickeln.

Der Kreis

Der Kreis ist vermutlich das ursprünglichste und am weitesten verbreitete Symbol der Menschheit. Die Linie, die sich im gleichmäßig runden Bogen zum Kreis schließt, symbolisiert die Unendlichkeit, die entsteht, wenn Anfang und Ende aus dem gleichen Punkt entspringen. Schon die ersten Menschen zeichneten Sonne, Mond und Gestirne als Kreise. Bei den alten Griechen wie auch in einigen indianischen Kulturen wird der Kreis auch durch eine Schlange dargestellt, die sich selber in den Schwanz beißt.

Der Kreis ist ein Symbol der Unendlichkeit.

Verstärkt wird die Symbolik der Unendlichkeit durch mehrere konzentrische Kreise mit unterschiedlichem Durchmesser, aber dem gleichen Mittelpunkt. Doch seien Sie vorsichtig, was diese Verstärkung angeht. Diese Energie kann leicht zu einer Sisyphos-Arbeit entarten.

Sisyphos war einer der größten Sünder der griechischen Mythologie, der für seine Vermessenheit von den Göttern mit einer unendlichen, hoffnungslosen Aufgabe bestraft wurde. Er musste einen schweren Felsbrocken einen Abhang hinaufrollen. Kurz vor dem Ziel entglitt ihm der Fels und donnerte an ihm vorbei zum Ausgangspunkt, wo die Plackerei wieder begann.

Genau das kann Ihnen mit einem Glücksbringer in Form konzentrischer Kreise passieren, wenn das Ziel, das Sie erreichen wollen, im Grunde unerreichbar ist. Der Talisman wird Sie lange davon abhalten, die Unmöglichkeit Ihres Tuns zu erkennen und aufzugeben. Und dies hat dann mit Glück nicht mehr viel zu tun. Nehmen Sie daher gerade bei dieser Form des Talismans den Zusatz „… wenn es denn sein darf" in die Aktivierung auf. So haben Sie ein kleines Sicherheitsnetz mit eingebaut.

> Kreise sind in unserem Alltag so weit verbreitet, dass sie uns kaum auffallen. Dennoch ist der Kreis ein machtvolles Symbol.

Der Kreis steht für die universellen Kräfte, für Sonne, Mond, die Planeten, auch für die Erde. In den Kategorien der vier Elemente sind jene Aspekte am stärksten, die den Kreis der Erde zuordnen. Dies geschieht aus der folgenden Überlegung heraus: Der Kreis ist nicht nur unendlich, er markiert auch Grenzen. Innerhalb des Kreises entsteht Gemeinschaft, außerhalb sind alle anderen. So steht er für Schutz, Geborgenheit und Sicherheit, die durch ein geordnetes, abgegrenztes Gemeinwesen entstehen. Man kann sogar so weit gehen zu sagen, dass alle runden Formen für Schutzzwecke eingesetzt werden können.

Der Knoten

Knoten sind ein Sonderfall der runden Form. Mit ihnen hat es eine ganz besondere Bewandtnis. In ihnen können schlechte Qualitäten ebenso gebunden sein wie gute.

Schon die Kelten verzierten fast alle Zier- und Gebrauchsgegenstände mit ihrer schleifen- und kurvenbildenden Ornamentik. In Archäologenkreisen ist es umstritten, ob die keltischen Knoten ausschließlich religiöse oder ausschließlich schmückende Bewandtnis hatten. Wie so oft, wird die Wahrheit wohl in der Mitte liegen.

Man weiß, dass sich die spirituellen Vorstellungen der Kelten rund um Magie, Einheit und Ewigkeit, um den endlosen Zyklus von Leben und Tod drehten, und man weiß auch, dass die Kelten die natürliche und die übernatürliche Welt als ineinander verflochten betrachteten. Daher liegen sakrale Motive für die Knotengebilde sehr nahe. Bedenkt man weiter, dass Schmuckstücke vermutlich bis in die Zeit der Aufklärung hinein immer auch als Glücksbringer dienten, dann kann man getrost von der religiösen Natur der keltischen Knotenmuster ausgehen.

Im Übrigen muss man nur auf unsere mittelalterlichen Klöster und Kirchen schauen, um die Abwehrkraft, die auch den Keltenknoten zugeschrieben wurde, erkennen zu können. Dort sieht man über den Portalen in Stein gemeißelte Dämonen Teufelsgestalten, deren Körper in Schlingen und Knoten enden. Die Symbolik ist sprechend: Die bösen Geister sollen sich in ihrer Welt verfangen und keinen Einlass in die Kirche finden.

Eines sei an dieser Stelle aber auch ganz deutlich ausgesprochen: Egal, ob die keltischen Knotenmuster nun tatsächlich der „Dingbeseelung" dienten oder als Schmuck;

Ob die Knoten auf keltischen Metallarbeiten kultische Funktion hatten oder nicht, ist umstritten. Sicher ist nur eines: Knoten verbinden.

das, was heutzutage als Original-Keltenamulette im Handel ist, hat mit keltischen Ritualen und Traditionen herzlich wenig zu tun. Sicherlich nutzten die Kelten Amulette ebenso wie die Germanen, die Indo-Germanen, die Ägypter, die Griechen, die Römer, die australischen Aborigines und alle anderen Völker, die diese Erde bewohnt haben und bis heute bewohnen. Doch waren die keltischen Amulette universal verbreitet; eigene Charakteristika haben sie zumindest nie so ausgeprägt, wie das heutige Weihnachtsmärkte und Eso-Shops nahe legen.

Jeder Talisman hat die Bedeutung, die Sie ihm geben. Die traditionell überlieferte kann, muss aber nicht für Sie zutreffen.

Daher gilt auch in Bezug auf diese Talismane, was für alle Glücksbringer gilt: Machen Sie sich frei von der behaupteten Bedeutung auf dem „Beipackzettel". Achten Sie auf die universelle Bedeutung der verwendeten Bilder und hören Sie auf Ihr eigenes Gefühl. Sie werden selber sehr gut spüren, wofür ein Zeichen verwendet werden kann und wozu es sich nicht eignet.

Knoten haben jedenfalls nicht nur den Aspekt des Runden, das schützt, sondern auch den Aspekt des Bindens. Und genau dieser Aspekt mahnt zur Vorsicht, wenn Sie sich mit Hilfe von Knoten bestimmte Glücksbringer basteln. Natürlich können Sie zwei lose Enden verknoten und diesen Knoten als Verbindung zu etwas oder jemandem aktivieren. In Liebesdingen ist solch ein Gedanke nahe liegend. Aber Vorsicht, das gut Gemeinte kann schnell zum Schlechten werden.

Vorsicht bei Bindungstalismanen! Wünschen Sie sich niemals einen bestimmten Partner, Sie verletzen damit Grenzen.

Bei Bindungstalismanen kommt es immer darauf an, wie sie aktiviert werden. So können Sie einen Knoten beispielsweise mit den Worten aktivieren: „Ich verbinde mich mit der Qualität des Liebens und des Geliebtwerdens." Problematisch wäre hingegen die Aktivierung: „Ich verbinde mich mit Paul." Vielleicht ist Paul bereits anderweitig gebunden. Schließlich sind Sie nicht der einzige Mensch mit Beziehungswünschen im Universum. Vielleicht will er sich auch grundsätzlich nicht binden oder zumindest nicht an Sie. In solchen Fällen sind Konflikte vorprogrammiert. Vielleicht ist Paul aber auch zu haben und durchaus willens, eine Beziehung mit Ihnen einzugehen. Und Ihr Bindungstalisman unterstützt diese Verbindung auch. Doch selbst dann muss nicht alles eitle Freude sein. Denn vielleicht haben Sie ja die eine oder andere Charaktereigenschaft an Paul übersehen, die ihn zu einem alles andere als wünschenswerten Partner macht. Doch Sie haben sich an ihn gebunden – wie ein Klotz an sein Bein.

Verstehen Sie, wie wichtig gerade in diesem, aber auch in vielen anderen Bereichen die Offenheit des Wunsches ist? Formulieren Sie Ihre Wünsche, aber überlassen Sie es dem Schicksal, wie es sie erfüllt. Ihr wahrer Wunsch ist ja kein bestimmter Mensch, egal ob Sie letztlich zu ihm passen oder nicht. Ihre Sehnsucht gilt einer erfüllten Partnerschaft, mit wem auch immer sie möglich ist.

Ähnlich vorsichtig sollten Sie übrigens auch mit Talismanen umgehen, die Sie unterstützen sollen, Bindungen zu lösen. Ein aufgeknüpfter oder zerschnittener Knoten ist eine radikale Lösung, die auf lange Sicht vielleicht gar nicht in Ihrem Sinne ist.

Viele Beziehungen, die als Liebesbeziehungen gelöst wurden, blieben als gemeinsam gelebte Elternschaft, als Freundschaft oder als Gesprächspartnerschaft erhalten. Mit einem zerschnittenen Knoten zerschneiden Sie sich oft auch die Chance auf derartige Alternativen. Und das ist in der Regel alles andere als ein Glücksbringer. Da ist es in aller Regel besser, den Bindungstalisman in der Erde zu vergraben, wo er von der Kraft der Zeit und den Elementen des Lebens langsam aufgelöst wird.

> Formulieren Sie Ihre Wünsche offen und als Ich-Botschaften. Sonst könnten Sie bei der Erfüllung üble Überraschungen erleben.

Die Spirale

Auch die Spirale findet man – ähnlich wie den Pfeil, die menschliche Hand oder den Kreis – bereits in vorgeschichtlichen Kunstwerken auf der ganzen Welt. Genaue Deutungen stellt die Wissenschaft nicht zur Verfügung. Der Kontext, in dem Spiralzeichnungen gefunden wurden, deutet jedenfalls auf einen symbolischen Zusammenhang mit zyklischen Vorgängen wie den Mondphasen, Fruchtbarkeit und Mutterschaft hin.

Um die Symbolkraft der Spirale zu verstehen, genügt ein kleines Selbstexperiment. Zeichnen Sie eine Spirale auf ein Blatt Papier und konzentrieren Sie sich nun ganz auf die Abbildung. Verfolgen Sie die Linie ganz langsam mit den Augen von außen nach innen, bis Sie im Zentrum angekommen sind. Ihre gesamte Aufmerksamkeit gilt nun für einige Minuten dem Inneren der Spirale.

Dann treten Sie ebenso langsam den Rückweg an und verfolgen die Linie zurück bis zu ihrem Ausgangspunkt am Spiralrand. Wiederholen Sie diese Übung mehrmals und schreiben Sie die dabei entstehenden Gefühle auf. Vermutlich werden Sie eine Kraft beschreiben, die sich ebenso stark nach innerlicher Einkehr und Konzentration auf das Wesentliche anspürt wie nach expansiver Entwicklung nach außen.

In diesem Sinne ist die Spirale eine Brücke zwischen dem Wesenskern des Menschen und den spirituellen Kräften des Universums. Nutzen Sie die Spirale als Talisman, wenn Sie nicht nur eine Antwort auf ein Sie bewegendes Problem wünschen, sondern diese Antwort auch raus in die Welt tragen wollen. Greifen Sie zur Spirale, wenn Sie sich mit Menschen auf einer höheren Ebene verbinden wollen, als dies in unserer materiellen Welt geschieht. Und nutzen Sie dieses Zeichen ganz allgemein als Schutzengel, der Ihren Kontakt zu jener göttlichen Kraft intakt hält, die dafür sorgt, dass unsere Welt zusammenhält.

Die Schnecke ist ein Symbol für Unendlichkeit – weil ihr Gehäuse die Form einer Spirale nachzeichnet.

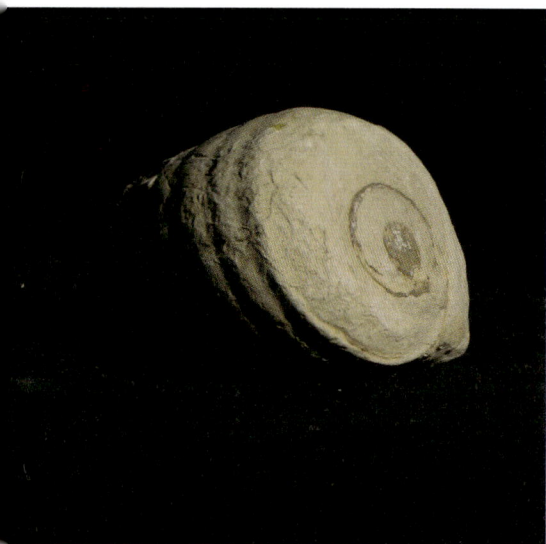

Das Labyrinth

Gemeint ist hier kein Irrgarten mit Kreuzungen und Sackgassen, sondern ein Labyrinth, das über verschlungene Umwege und Schleifen ins Ziel führt. Diese Form des Labyrinths ist eine Variante der Spirale. In Darstellungen ist es darüber hinaus oft kreisförmig angelegt.

Durch die verschlungenen, gewundenen Pfade verliert das Labyrinth etwas von der Grenzen sprengenden Dynamik der Spirale. Doch deshalb wirkt es keinesfalls schwächer. Es wirkt nur anders, denn durch die Verlangsamung entsteht Zeit, um sich mit dem Weg ins Innere auseinander zu setzen.

Auf das Labyrinth treffen wir nicht nur in der keltischen, der griechischen und der römischen Kultur sowie im Christentum, sondern auch in verschiedenen indianischen Kulturen. Das Sinnbild ist immer gleich: Es zeigt einen Einweihungsweg, einen Weg der Prüfungen, den der Mensch gehen muss, um zu seinem Innersten, der wahren Quelle seiner Kraft, zu kommen.

Der Weg ist schwierig und erfordert Durchhaltevermögen. Denn oft schaut es unterwegs so aus, als sei man von seinem Ziel weiter entfernt als zu Beginn der Reise.

Doch irgendwann ist es soweit und der Reisende ist zu sich selbst gekommen, zum Kern seines Wesens, der größten Kraftquelle, die ihm zur Verfügung stehen kann. Er hat das Göttliche in sich selbst gesehen und kann nun mit neuen Perspektiven und einem neuen Selbstverständnis den Rückweg in die Außenwelt antreten.

Ein Labyrinth schreitet man am besten ab, um seine Wirkung nachvollziehen zu können. Besonders empfehlenswert sind die Labyrinthe in Kirchen, etwa in der fran-

Das Labyrinth ist eine Sonderform der Spirale. Es gibt einem Menschen Kraft, der auf dem Weg zu seinem wahren Selbst ist.

zösischen Kathedrale von Chartres. Die Kirchenväter nutzten nämlich auch ihr geomantisches Wissen über die Energielinien in der Erde, um die Erfahrung im Labyrinth zu unterstützen und zu verstärken.

Wenn Sie es als mobilen Glücksbringer verwenden wollen, zeichnen Sie es am besten auf ein Blatt Papier. Nehmen Sie sich dafür viel Zeit und Ruhe, das klingt nämlich einfacher, als es ist. Zunächst markieren Sie die äußere Begrenzung durch einen fast geschlossenen Kreis. Knapp vor dem Ausgangspunkt biegen Sie ins Innere des Kreises ab und zeichnen einen möglichst langen, über verschlungene Kurven führenden Weg ins Zentrum. Wichtig ist, dass sich die Linien nicht kreuzen und dass Sie keine echten Sackgassen einbauen. Stecken Sie es in Ihre Tasche und holen Sie es hervor, wenn Sie wieder einmal das Gefühl haben, dass Sie Ihr Lebensweg immer weiter von Ihrem wahren Ziel wegführt. Erwarten Sie allerdings nicht, dass dieses Lebensziel schnell näher rückt. Der Talisman gibt Ihnen nur die Kraft, Ihren Weg unbeirrt weiterzugehen.

Die Kugel

Auch die Kugel ist eine Sonderform des Kreises. In der Menschheitsgeschichte taucht sie erst spät als erwiesenes Kultsymbol auf, was aber schlicht daran liegt, dass sich plastische Darstellungsformen erst entwickeln mussten. In Form runder Steine, Ton- oder Metallkugeln begegnen wir dieser Form dagegen früh.

Die Kugel hat keinen Anfang und kein Ende, kein rechts und kein links, kein oben und kein unten. Sie steht für die Einheit und das Ganze. Die Christbaumkugel will uns sagen: Christi Geburt betrifft alle Menschen, nicht nur einen Teil. Die Sphärenkugel, das

Herrschaftssymbol der Römer, steht für das Himmels-
gewölbe, der Reichsapfel der römisch-deutschen Kaiser
zeigt den Anspruch, über den gesamten Erdball zu herr-
schen.

Sphärenkugel oder Reichsapfel werden Sie sich kaum
zulegen wollen. Überlegen Sie mal, wie viel Ärger mit dem
Job eines Herrschers über den Himmel oder die Erde verbunden sein muss. Das kann kein Glück bringen.

Ein anderes Beispiel für Kugeltalismane sei Ihnen dagegen gerne ans Herz gelegt, auch wenn diese Talismane
eigentlich aus einem anderen Kulturkreis kommen als dem
unseren. Die Rede ist von Moqui-Kugeln, jenen Eisen-
oolithen, die in der Wüste von Utah immer paarweise an
die Oberfläche treten und den Namen der Moqui-Indianer
tragen.

Das Moqui-Paar besteht aus einem männlichen, etwas
größeren und leicht oval geformten Stein und einem weiblichen, kleineren und runden Partner. Bis zum heutigen
Tag besitzt so gut wie jede Moqui-Familie ein derartiges
Steinpaar, das Unglück und falsche Freunde von ihr fernhalten und die Behausung vor Feuer, Hochwasser und
Blitzschlag schützen soll.

Wir haben dieses Talismanpärchen selbst besessen und
viele Jahre als liebevolle Begleiter kennen und schätzen
gelernt. Erst kürzlich sind sie weiter gezogen: Sie haben die
Aufmerksamkeit einer Freundin erregt, die vor einer großen Lebensprüfung stand. Schweren Herzens, aber in der
Gewissheit, dass diese liebenswerten Gesellen dort eine
wichtigere Aufgabe erfüllen werden, haben wir sie ziehen
lassen. Deshalb müssen Sie in diesem Buch auf ein Foto von
den beiden verzichten. Drei Tage vor dem Fotografen-
termin zogen sie bei uns aus.

Vielleicht wundert es Sie, dass wir von den Steinen wie
von Menschen sprechen. Tatsächlich war es aber so. Sie
waren wie vertraute Mitbewohner, die intuitiv jede Regung

*Moqui-Kugeln
schützen ihre
Besitzer vor
Unglück und fal-
schen Freunden.*

53

aufnahmen. Allein durch ihre Anwesenheit gelang es uns, in einer Phase gesundheitlicher Belastung unsere Aufmerksamkeit stärker dem eigenen Körper und seinen Bedürfnissen zuzuwenden und falschen Ehrgeiz und Arbeitswut zurückzustellen.

Das Rad

Das Rad ist ein Sonnensymbol, das den Kreislauf von Geburt, Tod und Wiedergeburt darstellt. Es symbolisiert das Schicksal und die Zeit.

Im christlichen Kontext wird dem Rad als Zeichen des ewigen Lebens im Paradies starke Bedeutung beigemessen. Zudem verweist das achtspeichige Rad auf das Christussymbol Labarum, ein Kreuz, dessen oberer Balken in einem P ausläuft und dessen Zentrum von einem X gekreuzt wird. X = Chi und P = Rho sind die beiden ersten Buchstaben im griechischen Wort Christos. Insofern ist das Rad auch Glückssymbol und Heilsversprechen. Und dies interessanterweise nicht nur im Christentum. Im Buddhismus steht das Rad Dharmachakra für die von Buddha verkündete Lehre.

Übrigens sind die Chakren, die in letzter Zeit auch bei uns ins Gespräch gekommenen Energiezentren aus der asiatischen Medizin, in der wörtlichen Übersetzung „Räder".

Das Rad revolutionierte die Transportmöglichkeiten der Menschen und sorgt bis heute für Antrieb und Fortkommen. Mühlräder übertragen die Kraft des Wassers auf das Mahlwerk, Zahnräder greifen ineinander und lenken die Energie von ihrer Quelle zu ihrem Bestimmungsort. In diesem Sinne ist das Rad ein Zeichen der Entwicklung.

Eine spezielle Form des Rades ist das Medizinrad der nordamerikanischen Indianer. Die indianische Kultur entwickelte zunächst kein Rad als Hilfsmittel für Transporte, sondern benutzte Schleppschlitten. Trotzdem betrachteten sie das Bild des Kreises mit Speichen als Sinnbild des Lebensweges mit seinen Entwicklungsstufen.

In der von Sun Bear und seiner weißen, von westlicher Astrologie geprägten Frau Wabun bekannt gemachten Version handelt es sich beim Medizinrad um einen Steinkreis aus 36 Steinen. Im Zentrum, der Narbe, liegt der Stein für den Schöpfer. Darum herum als innerer Kreis befinden sich die drei Steinrepräsentanten für Mutter Erde, Vater Sonne und Großmutter Mond sowie die Vertreter für die vier Elemente – nämlich der Schildkrötenklan für die Erde, der Froschklan für das Wasser, der Donnervogelklan für das Feuer und der Schmetterlingsklan für die Luft. Dieses Zentrum symbolisiert die spirituelle Kraft, das innere Gleichgewicht des Menschen und die Harmonie alles Existierenden.

Die Ecksteine des äußeren Zirkels markieren die Himmelsrichtungen mit ihren Geistern. Die Namen dieser Hüter des Himmels sind für unsere Zwecke unwichtig. Der Vollständigkeit halber seien sie erwähnt: Waboose im Norden, Wabun im Osten, Shawnodese im Süden und Mudjekeewis im Westen. Sie sind indianisches Kulturgut. Universell wird die Angelegenheit dort, wo den Himmelsrichtungen Qualitäten und menschliche Lebensabschnitte zugeordnet werden. Zwischen den Himmelsrichtungssteinen liegen je drei Steine, die die Qualitäten auf dem Weg zum nächsten Abschnitt markieren. Zwischen den Himmelsrichtungssteinen und dem Zentrum finden sich ebenfalls je drei Steine, die den Weg zur inneren Erleuchtung und zur Harmonie mit der Welt symbolisieren.

Unter der Obhut des Nordens stehen der Greis und das Neugeborene, das Leben in der Stille des Winters, der Zeit, in der Mensch und Natur ruhen, um für das neue Jahr Kraft zu schöpfen. Das herrschende Element ist die Erde.

Das Medizinrad ist ein Sinnbild für die Entwicklung des Menschen.

Viele Kulturen ordnen den Himmelsrichtungen Qualitäten zu.

Die Eibe ist der Baum des Todes und des Neubeginns – Talismane aus seinem Holz versöhnen mit dem Ende und bereiten den Weg für Neues.

Die zugeordnete Farbe ist Weiß, der zugeordnete Zeitpunkt Mitternacht. Hier liegen Anfang und Ende, Weisheit und Unschuld begegnen einander.

Im Osten ist die Kindheit. Hier wird gespielt, gelacht und geweint. Der kleine Mensch beginnt, sich und seine Umwelt kennen zu lernen und zu begreifen. Es regiert das Element Luft, es ist Frühling. Das Lernen geschieht leicht und ungezwungen, noch ist der Mensch frei. Erste Knospen zeigen sich, Voraussetzungen für spätere Fruchtbarkeit. Doch noch regiert die Unschuld. Die zugeordneten Farben sind Gold und Rot, der zugeordnete Zeitpunkt das Morgengrauen.

Der nächste Schritt führt in den Süden, den Ort des Heranwachsens. Die Sexualität erwacht und fordert ihre Rechte. Die Grundlage der Fruchtbarkeit ist gesetzt. Es ist Sommer, es regiert das Element Wasser und noch bestimmen die Gefühle das Geschehen, ohne dass sonderlich viel Verantwortung mit im Spiel ist. Die zugeordneten Farben sind Grün und Gelb, der zugeordnete Zeitpunkt Mittag.

Erst am letzten Platz, dem Westen, setzt die Verantwortung ein. Es ist Herbst, Zeit der Ernte, und das Feuer facht die Energie der Menschen an. Sie sind erwachsen, tragen die Last der Verantwortung, jagen, ernten und kämpfen. Jetzt geht die Saat der früheren Jahre auf. Man hat seinen Spaß gehabt, nun muss man seinen Teil für die Gemeinschaft beitragen, die einen so lange genährt und geborgen hat. Der zugeordnete Zeitpunkt ist die Abenddämmerung, die zugeordneten Farben Blau und Schwarz.

Merken Sie etwas? Dieses Modell hat aber in seiner Allgemeingültigkeit universelle Kraft. Es ist ganz offensichtlich, dass unsere westlichen Gesellschaften – egal, ob in Europa, Amerika oder die verwestlichten Gesellschaften in

Asien – mehr und mehr Probleme bekommen, weil die Menschen den Schritt in den Westen verweigern. Der Norden mit seiner Weisheit, aber auch mit Tod und Neuanfang hat nichts Verlockendes mehr. Im Gegenteil, er erscheint uns abschreckend. Und um dieser Lebensphase ja nicht zu nah zu kommen, bleiben immer mehr Menschen im Spiel des Südens stecken. Das nennt sich dann Spaßgesellschaft.

Das Medizinrad scheint ein universelles Symbol zu sein. Im nordamerikanischen Kontext wird es unter anderem für Tänze, Trommeltrancen und Initiationsriten genutzt. Sein Einsatz ist besonders hilfreich in Zeiten des Übergangs, wenn geliebte Menschen sterben, Kinder geboren werden, in die Schule eintreten, zum Erwachsenen heranreifen, in den Beruf eintreten oder eine eigene Familie gründen.

Das Rad hilft als Symbol, Übergangsphasen leichter durchzustehen.

Ritzen Sie in die Mitte eines Metallmedaillons ein kleines Kreuz für das spirituelle Zentrum und unmittelbar darum herum vier Kreuze für die Elemente und zumindest eines für Ihre Vorfahren. Markieren Sie nun oben, unten, rechts und links die vier Himmelsrichtungen. Zum Reinigen halten Sie am besten eine kleine Feuerzeremonie ab.

Zum Aktivieren empfiehlt es sich, ein eigenes Medizinrad auf den Boden zu legen und es mehrfach zu durchschreiten; und zwar zunächst entlang der Himmelsrichtungen, dann von den einzelnen Himmelsrichtungen zum Zentrum und zurück.

Das Kreuz

Das Kreuz ist das Symbol der irdischen Welt. Seine Enden stehen für die vier Himmelsrichtungen und sorgen für die Orientierung in der materiellen Welt. Es besitzt einen eindeutigen

Mittelpunkt und umfasst eine strukturierte Ganzheit. Eine Kreuzung ist ein Ort, an dem man sich für einen Weg entscheiden muss. Insofern ist das Kreuz auch ein Zeichen für die (richtige) Wahl.

Ganz offensichtlich war es bereits in vorchristlicher Zeit als Schmuck- oder Kultzeichen in Verwendung. Damals wurde es allerdings mit vier gleich langen Armen dargestellt. Das griechische Kreuz sieht bis heute so aus.

Vorchristliche Kreuze hatten vier gleich lange Kreuzbalken.

Beim klassischen lateinischen Kreuz ist dagegen die Senkrechte deutlich länger als die Waagrechte und der Querbalken sitzt am Ende des oberen Drittels. Es ist nicht nur seit dem Konzil von Ephesos 431 das Zeichen des Christentums, sondern symbolisiert in unserem Kulturkreis auch den Tod und das Wissen um das ewige Leben. Trotzdem oder gerade deshalb gilt es als Heils- und Schutzsymbol, das seinen Träger in allem, was im widerfährt, der Güte Gottes anvertraut.

Beim keltischen Kreuz handelt es sich um eine Variante des lateinischen Balkenkreuzes. Um den Schnittpunkt liegt ein Ring, womit die universelle Kraft des Kreuzes verstärkt wird. Das Symbol entstand vermutlich im irischen und schottischen Raum in der Zeit der Christianisierung, vereinzelt tauchen aber auch ältere Exemplare auf. Üblicherweise ist das Keltenkreuz mit reichen Knotenmustern verziert.

Beim keltischen Kreuz liegt ein Ring um den Schnittpunkt der Kreuzbalken.

Für Menschen, die sich keiner christlichen Kirche zugehörig fühlen, ist das Kreuz problematisch. Denn obwohl es im Grunde Jesus Christus, die Gnade durch die Erlösung im Tod und das ewige Leben symbolisiert, so wurde es doch von den verschiedenen christlichen Kirchen vereinnahmt. Das sieht man nicht zuletzt daran, dass verschiedene Kreuzvarianten wie das Papstkreuz oder das Patriarchenkreuz Rangabzeichen der innerkirchlichen Hierarchie sind. Wer zu diesen Kirchen Abstand halten will, wird das Kreuz nicht so ohne weiteres als Glücksbringer verwenden.

Der Anker

Der Anker ist eine Variante des Kreuzes, die für all jene gut geeignet ist, die sich mit den Prinzipien der Urkirche verbinden wollen, ohne in allzu große Nähe zu den Kirchen unserer Tage zu kommen. Ursprünglich war der Anker ein Weg, das christliche Kreuz so zu variieren, dass die Verfolger der ersten Christen keinen Grund hatten, ihre Anklage zu erheben.

Die Bildsprache des Ankers ist klar nachvollziehbar. Er verschafft festen Halt, sichert das Schiff und dient zum Navigieren. Er wird zum göttlichen Instrument, um in den Stürmen des Schicksals nicht unterzugehen.

Die Verbindung mit dem Kreuz entsteht dort, wo das Bild des Ankers unter seiner Schlaufe einen Querbalken zur Stabilisierung hat.

Nach der Zeit der Urchristen taucht der Anker übrigens erst im 15. Jahrhundert wieder auf. Glaube, Liebe, Hoffnung sind die drei christlichen Grundtugenden und der Anker symbolisiert die dritte. Zeitweise wurde der Anker übrigens auch von den Reformkirchen verwendet, aber nicht als Sinnbild der Kirche als Organisation, sondern als Hinwendung zu den christlichen Urtugenden.

So ist der Anker ein gutes Amulett, wenn es darum geht, den Stürmen des Lebens zu trotzen und voll Hoffnung in die Zukunft zu blicken. Er gibt Halt und steht für Beständigkeit und Treue. Daher unterstützt er auch Paare, die in den Hafen der Ehe eingelaufen sind oder ihrer Partnerschaft auf andere Art und Weise Stabilität verleihen wollen.

Der Anker ist ein Symbol der Hoffnung. Nicht umsonst spricht man auch im übertragenen Sinn vom Rettungsanker.

Das Andreaskreuz

Eine spezielle Variante des Kreuzes, das Andreaskreuz, hat, obwohl es nach einem Apostel benannt wurde, seine vorchristliche Symbolik behalten. Es handelt sich um ein

Kreuz mit vier gleich langen Armen, das schräg gestellt wurde, sodass es ein X bildet. Dieses X, etwa aus Besen geformt, vor der Eingangstür schützt das Haus vor Unglück und schlechten Einflüssen. Aber Vorsicht, mit einem derartigen Talisman vor der Haustür werden Sie schnell in den Ruf einer Hexe kommen.

Daher ist es vielleicht günstiger, wenn Sie diesen Talisman etwas unauffälliger installieren. Zwei gekreuzte Stricknadeln oder zwei Stäbe erfüllen durchaus auch ihren Zweck.

Henkelkreuz und Hakenkreuz

Auf die vorchristliche Symbolik des Kreuzes verweisen zwei Sonderformen: das ägyptische Ankh oder Henkelkreuz, das aus einer Hieroglyphe abgeleitet ist, sowie das indogermanische Hakenkreuz. Beide sind in einer heutigen Verwendung als Glücksbringer höchst problematisch einzuschätzen, weil sie in jüngerer und jüngster Vergangenheit mit negativen Bildern und Energien aufgeladen wurden.

Das Ankh besteht aus einem T mit der aufgesetzten Hieroglyphe Ru, die wie eine Ellipse aussieht. Für die Ägypter symbolisierte es die Vereinigung des männlichen und des weiblichen Prinzips und stand für Fruchtbarkeit und Lebenskraft. Die koptische Kirche übernahm das Symbol, verwendet aber auch andere Kreuzzeichen.

Das Henkelkreuz stand ursprünglich für Fruchtbarkeit und Lebenskraft.

Heute wird das Ankh vor allem als Schutzzeichen getragen. Doch Vorsicht: Bestimmte Punk-Subkulturströmungen verwenden das Henkelkreuz auch als Symbol des Vampirismus, einer Life-Style-Erscheinung, die das Aussaugen fremder Lebensenergie zur Quelle der eigenen Unsterblichkeit erhebt.

Das zweite problematische Kreuzzeichen, das Hakenkreuz, ist ebenfalls durch geistigen Missbrauch zum Handkuss gekommen, wurde aber noch viel stärker negativ aufgeladen als das Ankh. Daher wundert es nicht, dass es bis heute als Tabubruch gilt, ein Hakenkreuz zu tragen. Eine Ausnahme bilden Amerikaner, deren Hobby das Sammeln und Tragen deutscher Originaluniformen des Dritten Reichs bildet. Nun ja.

Dabei ist die Urbedeutung des Sonnenkreuzes, der Swastika, höchst positiv. Schon früh taucht es in bildlichen Darstellungen in Ägypten und in Mesopotamien sowie im gesamten asiatischen und indogermanischen Raum auf und findet sich in Synagogen ebenso wie an Kirchenbauten oder in buddhistischen Tempeln. Es ist das Bild der Sonne, oder genauer, des Sonnenrades und steht für Glück, zyklische Entwicklung und Zeugung. Im christlichen Kontext symbolisiert es auch für den Schöpfungswirbel, durch den das Chaos seine göttliche Ordnung erhielt.

Im asiatischen Raum wird das Sonnensymbol bis heute in seiner positiven Aussagekraft benutzt. Im Chinesischen ist das Hakenkreuz im Rad das Schriftzeichen für Sonne, ohne Rad steht es für Unendlichkeit und die Zahl 10.000.

Sonnenblumen sind ein wunderbares Bild der Sonnenenergie und tragen diese ins Haus.

Die Sonne

„Es gibt nichts Sichtbares auf der ganzen Welt, das es mehr verdiente, als Symbol für Gott zu dienen, als die Sonne, die zuerst sich selbst und danach alle Körper des Himmels und der Welt mit sichtbarem Leben erleuchtet." (Dante)

Egal auf welchen Kontinent man schaut, die Sonne ist auf der ganzen Welt und durch alle Zeiten hindurch ein mächtiges Zeichen für Gott, den Schöpfergeist, der Quelle und des Zentrums unseres Seins. Sie steht aber auch für zerstörerische Kräfte, für Verbrennungen und Trockenheit. Die Symbolik ist sonnenklar: Die Sonne ist die Quelle des Lebens, ihre Energie schenkt Leben, lässt die Pflanzen wachsen und Mensch wie Tier gedeihen. In ihren Strahlen kann man sich aufwärmen, aber man kann in ihnen verbrennen und verdorren.

Im Osten geht sie auf, entwickelt zu Mittag ihre größte Kraft, um am Abend im Westen in der Dunkelheit zu versinken und am nächsten Morgen mit frischer Kraft am Horizont wieder aufzutauchen. Damit ist sie nicht nur verlässliche Quelle des Lebens, sondern auch ein Vertreter der unendlichen Zyklen von Geburt, Tod und Wiedergeburt, ein Zyklus, der durch nichts und niemanden aufgehalten werden kann. Aus diesem Grund ist in der ägyptischen, der indischen und der indianischen Götterwelt der Sonnengott auch weit oben in der Hierarchie. Nur in der römisch-griechischen Vorstellungswelt muss er sich als einer von mehreren dem Göttervater Zeus unterordnen.

Häufig wird die Sonne als Scheibe, als Hakenkreuz oder als Rad dargestellt. Hin und wieder begegnet man ihr aber auch als Strahlenkranz. Um das Symbol der schwarzen Sonne sollten Sie allerdings einen großen Bogen machen. Es wird von neonazistischen Kreisen als (erlaubte) Variante des Hakenkreuzes verwendet.

Doch zurück zum reinen, leuchtenden Sonnenbild. Es ist dort angebracht, wo es darum geht, die Kraft Ihrer Persönlichkeit strahlen zu lassen. Sie hilft, im Vertrauen auf die eigene Geborgenheit im Universum Dinge zu erschaffen, zu entwickeln und mit Lebensenergie zu versorgen. Insofern ist die Sonne auch ein gut geeignetes Amulett für schüchterne Kinder, die Unterstützung brauchen, um aus sich herauszugehen, aus dem selbst gewählten Schatten zu treten.

Sonne und Mond können auf Gebrauchsgegenständen auftreten und dort die gleiche Symbolkraft entwickeln wie in einem Amulett, das Sie um den Hals tragen.

Der Mond und die Mondsichel

Der Mond ist das nächtliche Gegenstück zur Sonne am Firmament. Als überraschend kräftige Lichtquelle der Nacht symbolisiert er das Unbewusste ebenso wie das Unterbewusste, die Gefühle ebenso wie die Erleuchtung. Aber auch der Mond ist – wie die Sonne – sichtbaren Zyklen unterworfen und repräsentiert noch stärker als diese die Vergänglichkeit, die sich immer wieder neu erschafft. Somit steht der Mond auch für die Zeit an sich, für biologische Rhythmen – und diesbezüglich vor allem für den weiblichen Zyklus – sowie für Fruchtbarkeit, Wandlung und Wachstum.

In vielen Kulturen gilt der Mond auch als Symbol des Todes. Die Mondsichel taucht in mehreren Bestattungskulten auf.

Dass die Mondsichel gemeinsam mit dem fünfzackigen Stern auch das etablierte Zeichen des Islam ist, hat allerdings andere Wurzeln. Vermutlich geht es auf einen vorislamischen Mondgott zurück, der im asiatischen Raum verehrt wurde.

Für moderne Zwecke eignet sich der Mond als Amulett oder Talisman immer dann sehr gut, wenn es darum geht, sich das Unterbewusstsein ein Stück weit bewusst zu machen, seine Intuition zu stärken und seinen Gefühlen einen angemessenen Raum zu geben.

Der Mond kann seinen Träger oder seine Trägerin vor diffusen Ängsten schützen. Er unterstützt Sie, sich in die unvermeidlichen Zyklen von Aufbauen und Loslassen zu fügen. Durch die Jahrtausende hindurch setzten Frauen auf der ganzen Welt auf die Kraft des Mondes, wenn sie sich ein Kind oder einen besonders großen Busen wünschten, um ihre Kinder stillen zu können.

Ein solches Mondamulett können Sie aus Salzteig, kleinen Scherben und Strasssteinchen selbst machen. Es hilft Ihnen, sich auf Ihr Gefühl zu verlassen.

Der Stern

Mit den Sternen wird die Gesellschaft am Himmel komplett. Jahrtausende hindurch gaben sie den Menschen Orientierung: als Objekte der Beobachtung und Interpretation von Astronomen und Astrologen, aber auch als Navigationshilfe auf Reisen. So war es auch ein Stern, der die Weisen aus dem Morgenland zum Jesuskind führte.

In der Liebeserklärung: „Du bist mein Augenstern" schwingt neben der Wichtigkeit auch das Beobachten mit. Deshalb wurde sie auch traditionell eher vom Mann für eine Frau verwendet als umgekehrt.

Einmal abgesehen von Sonderfällen eignet sich ein Sternentalisman gut, wenn es um die Verbindung von Visionen und Orientierung geht. Neue berufliche Aufgaben lassen sich mit einem Stern ebenso gut bewältigen wie neue Lebensabschnitte. Der Stern sorgt ähnlich wie die Sonne für Ausstrahlung, allerdings verbindet er sie mit der Qualität der Selbsterkenntnis.

Das Pentagramm ist ein uraltes Schutzsymbol, das selbst dem Teufel persönlich „Pein" machte, wie Leser von Goethes Faust wissen.

Das Pentagramm

Bestimmte Sterne haben in der universellen Grammatik der Bilder einen besonderen Stellenwert. An erster Stelle ist wohl das Pentagramm, der fünfzackige Stern zu nennen. Es besteht aus fünf gleich langen Linien, die man als Diagonalen des Fünfecks in einem Zug zeichnen kann.

Der fünfzackige Stern taucht schon früh in der Menschheitsgeschichte auf. Im dritten Jahrtausend vor Christus wurde er in Mesopotamien als Zeichen für „Ecke" oder „Winkel" verwendet, im alten Ägypten findet er sich als häufiger Bestandteil von Hieroglyphen. In der römisch-hellenistischen Welt wurde der fünfzackige Stern der Göttin Venus zugeordnet

und es wurden ihm gesundheitsfördernde Aspekte zugesprochen. Da man das Pentagramm in einem Zug zeichnen kann, galt und gilt es als Zeichen der Unendlichkeit.

Das Pentagramm, das aufrecht – das heißt auf zwei Strahlen – steht, symbolisiert darüber hinaus spätestens seit Agrippa von Nettesheim den Menschen. Von ihm stammt ursprünglich die bekannte Zeichnung des Menschen, der in einem Kreis steht und dessen Gliedmaßen sowie der Kopf von einem Pentagramm umgeben werden. Dieses Bild wurde später noch öfter aufgegriffen, am bekanntesten ist die Version von Leonardo da Vinci.

In diesem Sinne steht das Pentagramm für Erkenntnis, Analyse, Vernunft und Wissenschaftlichkeit – es ist der Mittler zwischen dem göttlichen Makrokosmos und dem menschlichen Mikrokosmos. Da wundert es nicht, dass das Pentagramm auch bei Freimaurern und Templern eine wichtige Rolle spielte.

Im deutschen Volksglauben wurde es eingesetzt, um sich gegen Dämonen und Zauberei zu schützen. Übrigens verwendete es auch die Kirche als Abwehr gegen die Mächte des Bösen und Verbindung mit dem Erlöser, wie man etwa am Westfenster der Westminster Abbey in London sehen kann.

Mit der Zeit wurde der Kirche die magische Verwendung des Pentagramms allerdings suspekt. Vor allem die Verwendung durch Frauen, die der Hexerei verdächtig waren, ließen es vom Schutzzeichen zum Symbol des Bösen an sich werden. Vor allem das auf dem Kopf stehende Pentagramm, der Drudenfuß oder Alfenfuß, geriet in Misskredit. Ursprünglich war auch er ein reines Schutzzeichen, wurde dann aber mit schwarzer Magie und Hexerei in Verbindung gebracht.

Heutzutage taucht das Pentagramm interessanterweise in einer Reihe von Hoheitszeichen und Symbolen auf. So

Mit einem solchen Pentagramm an der Tür ist Ihr Haus sehr gut geschützt.

enthält die US-amerikanische Flagge ebenso fünfzackige Sterne wie jene der EU. Vom untergegangenen Sowjetstern und dem roten Stern des Kommunismus ganz zu schweigen.

Abgesehen von diesen nationalen und politischen Verwendungszwecken sind es im Wesentlichen zwei Strömungen, die sich des Pentagramms bedienen. Da gibt es zum einen Esoteriker, die sich auf Wiccakult und Hexenkraft beziehen und das Pentagramm als magischen Schlüssel verwenden. Auf der anderen Seite verwenden viele Satanskult-Anhänger das Pentagramm für ihre schwarzmagischen Rituale. Sollten Sie daher ein Pentagramm als Glücksbringer einsetzen wollen, ist eine gründliche Reinigung und positive Programmierung das Um und Auf. Halten Sie es unter fließendes Wasser oder – noch besser – in den Rauch eines kleinen Feuers. Dann legen Sie es fünf Tage und fünf Nächte in das Licht von Sonne und Mond – wobei sich erfahrungsgemäß die Tage knapp vor Vollmond am besten eignen.

Wenn Sie ein Pentagramm kaufen, sollten Sie es sicherheitshalber gründlich energetisch reinigen und programmieren.

Das Hexagramm

Der sechszackige Stern, das Hexagramm, besteht aus zwei ineinander geschobenen Dreiecken. Ähnlich wie das Pentagramm taucht er fast überall auf der Welt und durch die Jahrhunderte hindurch auf.

In der tantrischen Tradition Indiens symbolisiert es die ewige, untrennbare Verschmelzung der männlichen mit der weiblichen Energie. Wobei dies mehr als der sexuelle Akt ist. Im Hexagramm trifft die Materie auf die Form, was zur höchstmöglichen Vollkommenheit führt.

Die alten Ägypter sahen im Hexagramm auch die kommunikative Brücke zum Reich der Toten, die sie benötigten, um mit den Verstorbenen in Kontakt zu treten. In der römisch-hellenistischen Welt war das Hexagramm zunächst wohl vor allem ein dekoratives Element, entwickelte sich dann aber ähnlich wie das Pentagramm zu einem Schutz-symbol, das seinen Träger mit der Macht Gottes verbinden sollte. Nachdem es im Laufe des 14. Jahrhunderts öfter in den mystischen Schriften des Judentums auftaucht, wird es immer stärker mit dem mosaischen Glauben verbunden.

Im christlichen Kontext wurde das Hexagramm als Zei-chen der Vereinigung der Elemente Feuer und Wasser betrachtet, einer Vereinigung, die nach Ansicht der Alche-misten Chaos hervorruft. Vor diesem – materiellen – Chaos soll es ebenso schützen wie vor emotionalem Chaos, das durch das Zerbrechen von Partnerschaften entsteht.

Im Dritten Reich war der gelbe sechseckige Stern der Judenstern, heute ist das Hexagramm das offizielle Em-blem des Staates Israel.

Das Herz

Das Herz ist das Zeichen der romantischen Liebe – und zwar so gut wie überall auf der Welt. Kein Wunder, denn jeder Frischverliebte spürt es in seiner Brust heftig schla-gen, wenn er seiner Liebsten oder seinem Liebsten begegnet oder an ihn denkt. Und die Liebe ist die stärkste positive Emotion, zu der der Mensch fähig ist.

Liebe macht selbstlos und stark, sie erfüllt den Menschen mit Lebensfreude und bedingungsloser Hingabe. Insofern ist das Herz auch das Symbol für innere Kraft, Moral und Tugend. Wer mit dem Herzen bei einer Sache ist, der setzt sich bedin-gungslos und mit allen ihm zur Verfügung stehen-den Mitteln ein. Das Herz ist das irdische Gefäß, das den göttlichen Geist aufnimmt. Bricht das

Aus Rosenquarz ist das Herz ein gutes Amulett für die erste zarte Liebe.

Herz, bricht auch der Lebenswille – zumindest vorübergehend. Insofern ist das Herz auch das Symbol für das Licht und die Hoffnung.

Zu welchen Gelegenheiten das Herz ein guter Glücksbringer ist, muss wohl nicht näher erläutert werden. Nur vor einem sei gewarnt: vor den neuerdings in Mode gekommenen Herzamuletten, deren Anhänger in der Mitte gebrochen sind, damit sich beide Partner einen Teil des Herzen umhängen können.

Statt eines gebrochenen Herzens könnten Sie gleiche oder ähnliche Herzen als Symbol Ihrer Liebe tragen.

Die Symbolik stammt aus der hellenistisch-römischen Antike, in der Besucher beim Verlassen des Hauses den einen Teil einer zerbrochenen Scheibe mitbekamen. Beim Gegenbesuch diente das Fragment als Wiedererkennungsmerkmal.

Gehen wir einmal davon aus, dass Sie keine derartige Unterstützung benötigen, um Ihren Liebsten zu erkennen. Und der Gedanke, dass sich zwei sehr unterschiedliche Teile harmonisch zu einem sinnstiftenden Ganzen zusammenfügen lassen, mag ja gut gemeint sein. Sich aber deshalb ein zerbrochenes Herz um den Hals zu hängen, erscheint dann aber doch etwas gewagt.

Für ineinander greifende Amulette empfiehlt sich noch immer die klassische Münze. Doch selbst da ist Vorsicht angeraten. Denn wollen Sie wirklich Ihr eigenes Glück davon abhängig machen, was ein anderer mit dem seinen macht? Und was für das Glück gilt, das gilt auch für den Glücksbringer.

Die Hand

Die symbolische Kraft der Hand ist vielfältig und schlägt sich nicht zuletzt in unserem Sprachgebrauch nieder: Wir nehmen unser Leben in die Hand, werden handlungsfähig und reichen die Hand zur Versöhnung. Wir legen unser

Schicksal in die Hand Gottes, halten unsere Hände schützend über geliebte Menschen und wollen Hand in Hand mit ihnen durchs Leben gehen.

Hände geben und nehmen. Sie verbinden und versöhnen, trennen aber auch und gebieten Einhalt.

In diesem Sinne ist die Hand ein Symbol für Selbstvertrauen, Vertrauen und Schutz. In der islamischen Welt gilt die Hand der Fatima als starkes Unglück abweisendes Schutzsymbol. Im jüdisch-christlichen Zusammenhang wird die Hand aber auch als Sinnbild der Arbeit verwendet. Sie können es als Amulett beispielsweise dann einsetzen, wenn Sie sich für ein bestimmtes Vorhaben (materiellen) Erfolg wünschen.

Eine solche Hand gebietet allem, was nicht ins Haus soll, energisch Einhalt. Vergessen Sie trotzdem das Sicherheitsschloss nicht.

Das Auge

Das Auge sieht alles, es erkennt alles und es weiß alles. Das Auge ist das Sinnbild Gottes, des Heiligen Geistes, des Allwissenden, Grundgütigen und alles Verzeihenden. Noch vor der ersten Berührung stellt es eine Verbindung her, der Blick kann aber auch ausweichen und den Kontakt verweigern oder abbrechen. Das „dritte" Auge auf der Stirn ist das spirituelle Sinnesorgan, das auch die nichtmateriellen Dinge erfassen kann.

Im alten Ägypten stand das Auge für Wissen, im Hinduismus und Buddhismus für Weisheit und Erleuchtung. In unserer jüdisch-christlich geprägten Welt sowie im Islam verbindet man mit dem Auge ebenfalls Einsicht und Erkenntnis. Doch so angenehm es ist, den Durchblick zu haben, so ungern lassen wir uns selbst durchschauen. Daher bringt das Auge nicht nur Einsicht in spirituelle Zusammenhänge, es schützt vor allem auch vor dem „bösen Blick" der anderen, und damit vor Hexerei und schwarzer Magie.

Obwohl diese zweite Verwendungsart die weiter verbreitete ist, empfiehlt sich vor allem im Zusammenhang mit Einsicht und Selbsterkenntnis der Einsatz eines Auges. Wenn Sie Streit mit jemandem haben, den Sie schlichten wollen, hilft Ihnen das Auge, den eigenen Anteil zu erkennen. Im Idealfall erkennen Sie sogar einen Ausweg aus dem Konflikt.

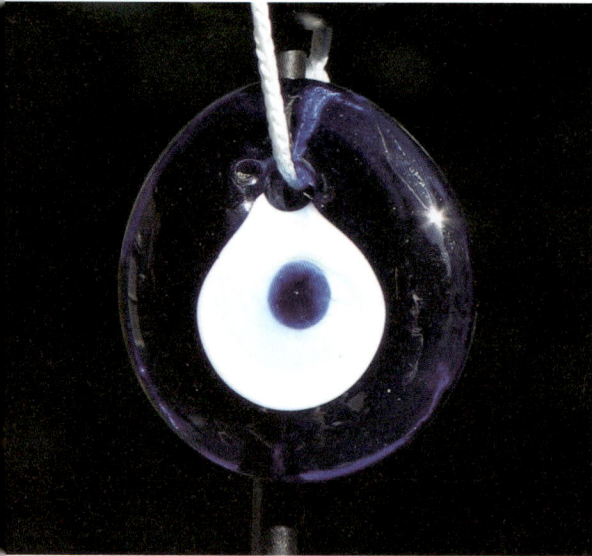

Ein solches Glasamulett, das klassische Augensymbol, ist ein rund ums Mittelmeer verbreiteter Schutz vor dem „bösen Blick".

Der Blitz

Der Blitz ist eine einfach gezackte, nach unten gerichtete Linie, an deren Ende eine Spitze angebracht ist. Als Warnzeichen wird er auf der ganzen Welt verstanden. Vorsicht, hier ist Gefahr im Verzug, hier steht etwas unter Hochspannung.

In der Natur ist der Blitz ein Phänomen, bei dem gebündelte Energie vom Himmel zur Erde fährt. Wo er einschlägt, beginnen die Dinge zu brennen oder zu schmelzen. Bei allen Gefahren, die damit einhergingen und einhergehen, so war der Blitz doch ein Segen für die Menschheit. Brachte er ihr doch das Feuer, an dem sie sich wärmen und mit dessen Hilfe sie den Boden roden, Nahrung zubereiten und Metalle bearbeiten konnte.

Alles, was blitzschnell passiert oder blitzartig erledigt wird, lässt keine Zeit zum Denken oder Hinterfragen. Insofern ist die Energie des Blitzes gefährlich. Andererseits ist es danach erledigt und es kann etwas Neues entstehen. So wie die Vegetation der Steppe von regelmäßigen Feuersbrünsten abhängig ist, damit die Gräser und niedrigen Büsche genug Licht bekommen, um gedeihen zu können.

Als Talisman kann ein Blitzzeichen als Warnsignal oder als Ableiter dienen. Es unterstützt Sie dabei, sich für etwas energisch einzusetzen oder mit aller Kraft voranzutreiben, ohne darin aufgerieben zu werden oder zu verbrennen.

Und es signalisiert Ihrer Umgebung: Vorsicht, hier steht jemand unter Hochspannung. Wer dieser Energie zu nahe kommt, ist für die Folgen selber verantwortlich. Ein gewisser Sicherheitsabstand zu seinen Mitmenschen ist in solchen spannungsgeladenen Situationen trotzdem nicht falsch – schon aus eigenem Interesse. Denn wenn Sie sich nur zerstörerisch entladen, hat niemand etwas davon; am wenigsten Sie selber.

Der Blitz symbolisiert „Vorsicht, Hochspannung!" – auch im Umgang mit anderen Menschen.

Der Pfeil

Der Pfeil ist eine senkrechte Linie, an deren einem Ende eine Spitze angebracht ist. Als Wegweiser zeigt er die Richtung, als Teil einer Bogenwaffe drängt er vorwärts und dringt in das, auf was er gerichtet war, ein. Entsprechend vorsichtig sollte man mit dem Pfeil umgehen, wenn man ihn für Glücksbringer aller Art einsetzen will. Als Waffe nimmt er leicht einen aggressiven Charakter an und zerstört das, was man eigentlich nur erreichen wollte.

Diese Eigenschaft kann er übrigens auch dann entwickeln, wenn man ihn eigentlich nur als Weg- oder Richtungsweiser einsetzen wollte. Sie werden sicherlich selber schon einmal erlebt haben, wie es ist, wenn man über das Ziel hinausschießt.

Eine Ausnahme, bei der der Einsatz des Pfeil-Symbols sehr sinnvoll sein kann, sei hier allerdings nicht unerwähnt. Wenn es darum geht, eine wichtige Entscheidung zu treffen, dann kann das Bild des Pfeils sehr hilfreich sein. Wenn Sie vor einer solchen Entscheidung stehen, hilft Ihnen vielleicht das folgende Ritual: Nehmen Sie ein Stück Papier und teilen Sie es in Gedanken in zwei Hälften. Auf die eine Hälfte malen Sie eine Axt, die in einem Holzscheit steckt, auf die andere Seite einen Pfeil im Zentrum einer

Der Pfeil ist ein Symbol für Schnelligkeit und zielgerichtete Bewegung.

Zielscheibe. Streichen Sie nun mit einem dicken schwarzen Stift das Bild von der Axt durch und schreiben Sie den folgenden Satz quer über beide Bilder: „Entscheidungen gilt es zu treffen, nicht zu fällen." Denken Sie eine Weile über diesen Satz, seine Bedeutung und seine Konsequenzen für Ihr Verhalten nach. Dann übergeben Sie ihn den Flammen – einer violetten Kerze.

Der Obelisk gehört zu jenen Formen, hinter denen ein Phallussymbol gesehen wird.

Der Phallus

Dezent ist das männliche Fruchtbarkeitssymbol sicherlich nicht. Egal ob vorgeschichtliche matriarchalische Kulturen in Europa, tantrische Traditionen in Indien oder die Fruchtbarkeitspüppchen der Kelten – das erigierte männliche Glied steht für die Verschmelzung des Männlichen mit dem Weiblichen und für Fruchtbarkeit. Dabei ist es gar nicht sicher, wann die Menschheit den Zusammenhang zwischen Beischlaf und Schwangerschaft durchschaute.

Die Kelten trugen beispielsweise kleine Püppchen in Form eines Mannes und einer Frau als Amulett um den Hals, wobei das männliche Püppchen ein erigiertes Glied zierte. Andere keltische Fruchtbarkeitsamulette zeigten ebenso ausgestattete männliche Hirsche, Rinder, Pferde oder Eber.

Oft zeigt sich der Phallus aber auch in versteckter Form, etwa als Pfeil, als Stab oder Säule. Als weibliches Gegenstück taucht übrigens häufig die Muschel auf.

Einen ganz besonders rührenden, unschuldig anmutenden Phallus-Talisman bastelte vor einigen Jahren eine Vierjährige. Sie hatte aus Modelliermasse eine kleine Wurst und zwei

Kugeln geformt, Löcher hineingebohrt und auf eine Lederschnur aufgefädelt – und zwar so, dass die beiden kleinen Kugeln seitlich der herabhängenden Wurst saßen. Jeder Erwachsene, dem sie ihr Kunstwerk zeigte, wurde unheimlich heiter, auch die Mutter, die diese Kette ausgerechnet zum Muttertag bekam. Was außer ihr niemand wusste, war, dass sie sich aus tiefstem Herzen ein weiteres Kind wünschte. Zu diesem Zeitpunkt erschien die Erfüllbarkeit dieses Wunsches äußerst unwahrscheinlich. Trotzdem verband die Frau ihr Geschenk mit ihrem Kinderwunsch. Sie hängte sich die Kette allerdings nicht um den Hals, sondern steckte sie in ihre Handtasche. Fast genau ein Jahr später kam übrigens ihr jüngstes Kind auf die Welt.

Das Hufeisen

Das Pferd repräsentiert Stärke, Kraft und Bodenhaftung. Es symbolisiert aber auch die Ordnung in der Gruppe und den Schutz der Gemeinschaft. Wer durch die Menschheitsgeschichte hindurch ein Pferd besaß, konnte sich glücklich schätzen. Er gehörte nicht zu den Ärmsten.

Seit die Griechen den Hufbeschlag erfanden, gilt das Hufeisen als ganz besonderes Glückssymbol. Logisch begründbar ist dies einerseits mit der Tatsache, dass ein Pferd bereits Beweis für einen gewissen Wohlstand war.

Auch das Metall hatte in der Antike und im Mittelalter einen sehr hohen Wert. Wenn man darauf verzichtete, das Eisen zu einem Werkzeug umzuformen, dann musste man sich etwas ganz Besonderes davon versprechen.

Glück soll das Hufeisen aber nur bringen, wenn man es zufällig findet und nicht danach sucht. Vielleicht war diese zusätzliche Bedingung ein eingebauter Diebstahlschutz,

Hängen Sie ein Hufeisen, das Sie finden, stets mit der Öffnung nach oben auf, sonst fällt das Glück wieder heraus!

denn wo beschlagene Pferde sind, lassen sich Hufeisen sehr leicht „finden".

Mit der Öffnung nach oben neben oder über die Haustür genagelt, soll es das (materielle) Glück im Haus sammeln und alle Bewohner vor Unglück bewahren. Als Amulett getragen soll es seine Trägerin mit einer glücklichen Schwangerschaft beschenken. Und eine Partnerschaft, die durch Ringe aus Hufnägeln besiegelt wurde, soll besonders haltbar und glücklich verlaufen.

Der Klee

Das vierblättrige Kleeblatt ist einer der klassischen Glücksbringer des Jahreswechsels.

Der Klee oder vielmehr das vierblättrige Kleeblatt gilt ebenfalls als traditionelles Glückssymbol. Der „Glücksklee" ist geradezu sprichwörtlich.

Die keltischen Druiden sollen es zum Schutz gegen das Böse eingesetzt haben sowie um hellseherische Kräfte zu bekommen.

Seine optische Nähe zum christlichen Kreuz und seiner Symbolik ist ebenfalls unübersehbar. Im Prinzip ist es ein natürlich gewachsenes Kreuz, das aus vier Elementen besteht, die den Raum mit seinen vier Himmelsrichtungen ordnen. Im Symbol für die Spielkartenfarbe „Kreuz" wird dieser Zusammenhang sehr gut sichtbar-

Einer Legende zufolge nahm Eva ein vierblättriges Kleeblatt als Andenken mit aus dem Paradies. Wer es in der Natur findet, hält demnach einen kleinen Teil des Gartens Eden in Händen. Da das nicht ganz leicht ist, symbolisiert es auch jenes Glück, das sich einstellt, wenn man die kleinen Dinge des Lebens zu schätzen weiß.

Der Pilz

„Du Glückspilz" sagt eigentlich alles. Der Pilz gilt als besonders Glück verheißendes Symbol. Das mag mit seiner

Wenn Sie jemandem ganz einfach Glück wünschen wollen, schenken Sie ihm einen Glückspilz – er erinnert daran: Es darf auch leicht gehen!

Fruchtbarkeit zusammenhängen, die ihn bei feuchtwarmem Wetter quasi über Nacht aus dem Boden schießen lässt. Aber auch die Verwendungsarten, die sich die heilkundigen Frauen im Mittelalter einfallen ließen, lassen an Glück denken. Denn bestimmte Pilzarten sorgen für exstatische, rauschhafte Zustände, die durchaus in der Lage sind, den Menschen Glücksgefühle zu vermitteln – zumindest, solange sich die Inquisition heraushielt.

Dass man den Pilz zu Silvester verschenkt, hat allerdings weniger mit Drogenexstase zu tun als vielmehr mit seinem Ruf, das Sinnbild der Langlebigkeit zu sein. Da der Pilz oft in Gestalt des hochgiftigen Fliegenpilzes zum Glücksbrin ger wird, entsteht die kuriose Situation, dass ein Todbringer zum Lebenssymbol mutiert.

Der Geldsack

Mit dem Geldsack ist das in unseren Breiten so eine Sache. In einer christlich geprägten Welt ist das Streben nach materiellen Gütern meist nur verklausuliert, etwa als calvinistisches Streben nach Glück, akzeptiert. Daher begegnen wir dem universellen Glückssymbol des Geldsackes meist nur zu Silvester, wo er als Bleifigürchen eingeschmolzen wird.

In anderen Kulturkreisen ist man da weniger verschämt und steht zu dem allzu menschlichen Bedürfnis nach Geld und Gut. So wird beispielsweise der lachende Buddha traditionell mit einem Geldsack in der rechten Hand dargestellt. Warum also nicht zu seinen Wünschen stehen? Man muss sich ja nicht gleich einen dickbäuchigen chinesischen Glücksgott ins Haus holen.

Früher war man übrigens auch in unseren Breiten weniger zurückhaltend. So kannten Kelten und Germanen den „Kessel des Reichtums". Kaum eine Gelegenheit, bei dem in ihm gekocht wurde, ohne auf die Fülle und den Reichtum zu verweisen, der ihm entsprang. Dieser Kessel enthält auch Anspielungen auf den verschwundenen „Heiligen Gral", jene verschwundene Schale, die den Reisenden mit Speisen versorgte, die Harmonie und Glück bescherten. In späteren Legenden wurde die Sage vom Heiligen Gral in christliche Legenden eingebaut, allerdings ohne das Bekenntnis zum menschlichen Wunsch nach Reichtum und Glück wirklich mit in die christliche Symbolik zu übernehmen.

Ein lachender Buddha hat selbstverständlich seinen Geldsack in der Hand.

Tiergestalten

Talismane in Tiergestalt gehören vermutlich zu den ältesten Glücksbringern der Menschheitsgeschichte überhaupt. Denken Sie nur an die Höhlenmalereien der Steinzeitmenschen, mit denen das Jagdglück beschworen werden sollte.

Bis heute werden bestimmten Tieren besondere, Glück und Erfolg versprechende Eigenschaften zugeschrieben. Im Folgenden finden Sie einige exemplarische Beispiele, anhand derer Sie sehen können, wie eine Glückszuschreibung funktioniert. Erscheinen Ihnen andere Tiere persönlich bedeutsam, so können Sie die Glück bringenden Eigenschaften selber ableiten. Eine vollständige Auflistung ist nämlich schon deshalb nicht möglich, weil tierische Glücksbringer kulturspezifisch sind. Denken Sie nur an die besondere Rolle der Katze im alten Ägypten oder die Bedeutung von Affen und Kühen im hinduistischen Glauben.

Jede Kultur schreibt Tieren eine eigene Bedeutung zu. Bei uns gilt die Biene als Symbol des Fleißes und des süßen Lohnes, der darauf folgt.

Die Biene

Die Biene ist ein Sinnbild der Fruchtbarkeit und des Fleißes, aber auch des süßen Lohnes, der dem Fleiß folgt.

Ihr Honig ist der Nektar der Liebenden, ihr Wachs Zeichen der Erleuchtung und Selbstlosigkeit. Kaum also ein Lebensbereich, der von der fleißigen Biene nicht positiv gefördert würde. Aktiviert werden Bienen-Talismane mit Hilfe von Luft-Ritualen: Geht es um die erwünschten Früchte des Erfolges, kann man beispielsweise eine Räucherung mit Salbei oder Thymian machen; geht es um die Liebe, ist die Räucherung mit Rosenöl oder Jasmin Mittel erste Wahl.

Der Delfin

Delfine galten im Mittelmeer als Boten der Götter. Sie dienen Jupiter, dem Göttervater, und stehen für Expansion in neue Bereiche. Delfine als Talismane sind gut geeignet, wenn es darum geht, geistiges Neuland zu erschließen, umzuziehen oder einen neuen, herausfordernden Arbeitsplatz anzutreten. Sie stehen aber auch für ein funktionierendes Familienleben und Harmonie in der Partnerschaft.

Reinigen und aktivieren können Sie Delfine besonders gut mit Hilfe des Sonnenlichtes, aber auch mit der Flamme einer kardinalsroten oder königsblauen Kerze.

Der Drache

Mit dem Drachen ist das so eine Sache. In Asien ist er eine Schutzgottheit, die Glück und Sicherheit verspricht. Bei uns ist der Drache im Märchen dagegen eher ein Ungeheuer, das Prinzessinnen entführt, Schätze bewacht und Helden bekämpft. Tatsächlich ist der Drache ein Diener des Feuers. Mit ihm als Talisman kann man Umstände zum Lodern bringen. Passen Sie nur auf, dass Sie sich nicht die Finger verbrennen. Das gilt auch für das Feuerritual, mit dessen Hilfe Sie den Drachen reinigen und programmieren sollten.

Der Elefant

Dem Elefanten sagt man nach, stark, klug und gutmütig zu sein, aber auch nachtragend und bösartig werden zu können. „Mein ist die Rache" ist allerdings kein Motto, das Glück bringen kann. Daher wird der Elefant vor allem mit Intelligenz in Verbindung gebracht. Reinigen und aktivieren Sie ihn mit Weihrauch, um die göttliche Kraft in ihm zu wecken.

Die Eule

Die Eule galt im Altertum als Sinnbild der Weisheit und Gerechtigkeit. Auch sie ist – ebenso wie der Delfin – ein Geschöpf des Jupiter und insbesondere seiner klugen Tochter Pallas Athene geweiht. Früher wurde der nachtaktive Vogel mit Hexen in Verbindung gebracht, daher war der Ausspruch „Nachteule" alles andere als positiv gemeint und konnte im Extremfall lebensgefährlich werden. Heutzutage ist die Eule wieder positiv besetzt.

Reinigen und aktivieren Sie Ihre Eulentalismane mit Hilfe eines kleinen nächtlichen Feuers. Sonnenlicht zu diesem Zweck würde den Nachtschwärmer nämlich vergrämen.

Der Fisch

Der Fisch ist ein Symbol für Fruchtbarkeit und Reichtum. Er war aber auch das Erkennungszeichen der Urchristen, die einen Bogen in den Sand zeichneten. War das Gegenüber ebenfalls Christ, zeichnete er einen gegenläufigen Bogen so, dass sich die rechten Enden beider Bögen zum Fischkopf zusammenfügten und die linken überlappend den Schwanz formten. So deklarierten sie sich als Anhänger des „Menschenfischers".

Bis heute kann der Fisch als Symbol für die Überzeugungskraft einer Idee verwendet werden.

Wenn Sie Menschen für eine Vision, ein Ideal oder einen Wunsch begeistern wollen, dann nutzen Sie den Fisch als Glücksbringer – wobei Sie ruhig auch zum Delfin greifen können. In diesem Fall ist es egal, dass er zu den Meeressäugern gehört und streng genommen kein Fisch ist.

Sofern es das Material erlaubt, reinigen und programmieren Sie ihn mit fließendem Wasser. Bei Biskuitfischen geht das natürlich nicht, da müssen Sie das Mondlicht zu Hilfe nehmen.

Der Fuchs

Der Fuchs und sein Symbolwert sind aus Märchen bekannt: Er gilt als schlau, ja verschlagen.

Der schlaue Fuchs ist ein Diener des Merkurs und kann Glücksbringer, aber auch Unglücksbote sein. Im deutschen Aberglauben beschert es beispielsweise Unglück, wenn man frühmorgens als Erstes einem Fuchs begegnet. Diese Gefahr ist in Großstädten mittlerweile recht gering.

Daher kann man beruhigt auf einen Talisman in Fuchsgestalt vertrauen, wenn man für eine Aufgabe seine gesamte Schlauheit benötigt – oder wenn man sein gebrauchtes Auto verkaufen will. Von Fuchsschwänzen sollten Sie in diesem Zusammenhang besser absehen. Tierquälerei ist weder zu verantworten noch nötig, um einen wirksamen Talisman zu erhalten.

Gereinigt und aktiviert wird der Fuchs durch die Qualität des Elementes Erde. Das kann beispielsweise dadurch passieren, dass Sie das Amulett oder den Talisman einige Tage lang in eine Schale mit Kristallen und Halbedelsteinen legen.

Der Hahn

Der Hahn war bereits den Kelten heilig, die sich ihre Haare zu Hahnenkämmen bürsteten, um imposanter auf ihre Gegner zu wirken. Vielleicht steht er deshalb bis heute im

Ruf, eitel zu sein! Als Talisman sorgt der Hahn für Prestige – und Erfolg und Prestige ziehen sich bekanntlich gegenseitig an.

Daher sollten Sie in einen Erfolgstalisman auch die Feder eines Hahnes einbauen, die Sie einfach dadurch reinigen und aktivieren, dass Sie sie einige Male durch die Luft ziehen.

Der Hase

Meister Lampe und seine Frau stehen für die Fruchtbarkeit. Kein Wunder, kann eine Häsin doch bis zu sechs Würfe mit vier bis acht Jungtieren pro Jahr in die Welt setzen. Im Aberglauben diente die Hasenpfote viele Jahrhunderte hindurch als Zauberwerkzeug und Glücksbringer. Aber auch hier gilt das Gleiche wie für Fuchsschwänze: Das Ergebnis von Tierquälerei wird Ihnen gewiss kein Glück bringen.

Gereinigt und aktiviert werden diese Talismane vor allem im Mondlicht. Ist das Material geeignet, können Sie aber auch klares Wasser verwenden.

Ein stolzierender Hahn zeigt allen Wesen, wer der Herr des Hofes ist – und ist ein schöner Talisman für Erfolg.

Die Katze

Den alten Ägyptern war die Katze heilig. Sie galt als Gottheit und bewohnte Tempelanlagen. Im europäischen Mittelalter war sie dagegen als Tier des Teufels verschrien. Man verdächtigte Hexen, mit Hilfe der Katzen miteinander in telepathischer Verbindung zu stehen.

Wer eine Katze sein Eigen nennt oder die Gelegenheit hat, diese Tiere näher zu beobachten, kann die Gründe für die historische Faszination erahnen. Katzen liegen an den energetisch unruhigsten Punkten im Raum. Sie fühlen sich in der Nähe elektronischer Störquellen im Wohnzimmer ebenso wohl wie auf einer Ameisenstraße im Garten. Für

Kranke kann die Katze darüber hinaus wertvolle therapeutische Wirkung entfalten. Denn sie kommt schnurrend noch zu Todkranken, wenn sich ein Hund bereits verstört verzieht.

Katzentalismane helfen Ihnen dabei, sich von nichts und niemandem aus der Ruhe bringen zu lassen, konzentriert Ihre Arbeit zu tun und sich dabei auch noch wohl zu fühlen.

Die Kröte

Die Form der Kröte erinnert entfernt an die der Gebärmutter. Daher ist dieses an sich nicht besonders ansehnliche Tier ein traditioneller Glücksbringer für Schwangere. Kröten sind dem Mond zuzuordnen und stehen daher auch für die Welt der Gefühle. Also kein falscher Ekel, wenn Sie schwanger sind, schwanger werden oder einer Schwangeren etwas Gutes tun wollen. Es soll ja ohnehin keine lebende Kröte sein, sondern nur ein Abbild.

Krötentalismane reinigen und aktivieren Sie am besten im Mondlicht, ansonsten unter fließendem klarem Wasser.

Der Marienkäfer ist eine passende Zutat für einen Liebestalisman.

Der Marienkäfer

Können Sie sich noch erinnern, wie groß Ihre Freude als Kind war, wenn Sie einen Marienkäfer gefunden hatten? Er galt nicht nur als Glücksbringer, sondern auch als Bote der Liebe. Aus der Zahl seiner Punkte wollte man auf die Zahl der Kinder schließen. – Dass es sich dabei wohl mehr um Aberglauben handeln musste, liegt auf der Hand. Schließlich flogen in der Kindheit der heute erwachsenen Frauen nicht hauptsächlich ungepunktete Marienkäfer oder Exemplare mit einem Punkt durch die Gegend. – An die Glück bringenden Eigenschaften kann man aber trotz dieser „Punktefrage" trotzdem glauben. Immerhin gewinnen diese Tierchen lästigem Ungeziefer noch etwas Positives ab. Ihre Larven fressen nämlich Blattläuse. Massenweise.

Aktivieren Sie Ihre Marienkäferfigur mit dem schmeichelnden Licht des Vollmondes und integrieren Sie ihn dann in einen Liebestalisman.

Der Mistkäfer

Mit dem Mistkäfer verhält es sich besonders interessant. Das hübsche, metallisch glänzende Tier hat einen nicht sonderlich anziehenden Namen und gilt dennoch gleich in mehreren Kulturen als Erfolgs- und Glücksbringer. Der Käfer wird auch Pillendreher genannt, weil er Mist zu kleinen Kugeln dreht.

Die alten Ägypter verehrten ihn als heiligen Käfer Skarabäus, der sich im Schlamm des Nils schnell vermehren konnte und daher als Verkörperung von Fruchtbarkeit und Schöpferkraft galt.

Sollten Sie einen Skarabäus von einer Reise nach Ägypten mitgebracht haben, dann hoffen wir, dass Sie kein historisches, urprünglich als Kultobjekt genutztes Exemplar erworben haben. Kunsthandwerkliche Nachbildungen sind dagegen unbedenklich.

Reinigen und aktivieren können Sie den Käfer in einer Kiste mit losem Sand. Er mag aber auch den Aufenthalt in einer Schale mit Halbedelsteinen.

Der Skarabäus, ein Symbol für Fruchtbarkeit, dreht Kugeln aus Mist.

Das Pferd

Ohne das Pferd wäre vermutlich die gesamte Zivilisation der Menschheit anders verlaufen. Nachdem es seine Scheu überwunden hatte, schleppte es den Menschen und seinen Besitz in die entlegensten Winkel dieser Welt. So wundert es nicht, dass Pferde schon früh in den spirituellen Handlungen der Menschen auftauchen. Den Kelten war das Pferd ebenso heilig wie den zentralasiatischen Steppenvölkern und den Indogermanen. In der griechischen Mythologie tauchen Zentauren, Mischwesen mit Pferdeleib und Menschenoberkörper auf, denen große Zauber- und Heilkräfte zugeschrieben wurden. Und das geflügelte Pferd Pegasus half den Göttern, wofür er zum Dank als Sternbild in den Himmel gehoben wurde.

Ein Pferdetalisman verkörpert den Aufbruch zum Horizont, die materielle, vor allem aber auch die geistige Expansion. Mit einem Pferdetalisman holen Sie sich die Kraft, den Willen und die Ausdauer, die Sie auf Ihrem Weg brauchen. Und dabei finden Sie sogar Unterstützung: Pferde stellen – sofern man sie lässt – sehr schnell eine flexible Ordnung her, die immer wieder an neue Beziehungen zwischen einzelnen Tieren angepasst wird, in der sich aber jeder Neuling zunächst einmal unterzuordnen hat. Daher kann Ihnen ein Pferdetalisman auch dabei behilflich sein, sich gut in eine neue Gruppe – etwa am Arbeitsplatz, in der Schule oder an einem neuen Wohnort – einzufügen.

Gereinigt und aktiviert werden Pferdetalismane mit dem Element Feuer. Am besten geeignet ist die Kraft der Sonne, wobei es nicht zwingend Hochsommer sein muss. Der Sonnenschein an einem strahlenden Wintertag kann manchmal viel intensiver wirken.

Diese schwedischen Julpferdchen motivieren auch durch ihre Farbe zum Aufbruch zu neuen Ufern.

Die Schildkröte

Die Schildkröte ist ein Glücksbringer, den man vor allem Kindern gerne als Amulett um den Hals hängt. Ihr Panzer symbolisiert die sichere Zuflucht, die ungestörte Entwicklung und ein langes Leben garantiert. Sind die Umweltbedingungen ideal, so kann die Lebensspanne einer Schildkröte leicht über jene eines Menschen hinausgehen. Auch das symbolisiert sichere Entwicklungsmöglichkeiten. Darüber hinaus hat die Schildkröte einen hervorragenden Geruchssinn und mit ihrem ausgeprägten Gefühl für Erschütterungen des Bodens quasi einen 6. Sinn.

Es gibt sehr hübsche Schmuckamulette in Form von Schildkröten. Silber ist ein besonders gut geeignetes Material. Von Schildkrötenpanzern toter Tiere, wie sie in Urlaubsländern mitunter verkauft werden, sollten Sie jedenfalls Abstand nehmen. Sie zu kaufen ist nicht nur verboten, sondern trägt direkt dazu bei, diese Zeugen einer versunkenen Welt, in der die Reptilien die dominante Gattung auf der Erde waren, auszurotten.

Zum Reinigen und Aktivieren legen Sie Ihr Schildkrötenamulett unter fließendes klares Wasser.

Eine Schildkröte hat einen starken Panzer und steht daher für Schutz.

Die Schlange

Mit der Schlange als Glückssymbol verhält es sich noch etwas diffiziler als mit dem Drachen. In unserem jüdisch-christlichen Kulturkreis ist der Ruf der Schlange durch den Sündenfall und der daraus folgenden Vertreibung aus dem Paradies gründlich verdorben. In der Schlange wird das giftige, falsche Wesen gesehen, das dem Menschen nach dem Leben trachtet und ihn aus dem Hinterhalt überfällt. Wer

Die Schlange, die sich in den Schwanz beißt, ist ein altes Symbol der Unendlichkeit.

das Glück hatte, Schlangen in der Natur zu beobachten, weiß, wie falsch dieses Vorurteil ist. Die meisten Schlangen sind scheue Geschöpfe, die sich lieber zurückziehen, als einen Kampf zu wagen. Angriffslustig werden sie nur dann, wenn der Mensch in ihr Rückzugsgebiet hineinstolpert.

In Kulturen, die genauer beobachten, stand und steht die Schlange für den Urgrund des Lebens. Durch die Fähigkeit, sich zu häuten, schrieb man ihr ewige Jugend zu. Die Schlange, die sich in den Schwanz beißt, symbolisiert Unendlichkeit. Und in vielen Kulturen steht sie als phallisches Symbol für männliche Kraft.

Ein Teil der dummen Geschichte im Paradies ist übrigens gar nicht so dumm. Schließlich ist es die Frucht der Erkenntnis, die der Menschheit durch die Schlange angeboten wird. Die Erkenntnis, die den Menschen aus der kindlichen Unschuld holt, ist ein wesentlicher Entwicklungsschritt. Erst durch die Einsicht, dass es ein Gut und ein Böse gibt, bekommt der Mensch die Freiheit zu wählen. Sicher, vorher war es bequemer. Aber deshalb die Schlange in Misskredit zu bringen, ist wohl auch etwas billig.

Die Schlange ist jedenfalls ein Talisman, der wie im Äskulapstab der Ärzte Weisheit und Gesundheit bringt. Doch so wie der Arzt mit seinem Wissen heilen und töten kann, so sind auch die Qualitäten der Schlange zum Guten oder zum Schlechten einsetzbar. Der Mensch hat die Freiheit, das zu entscheiden. Nordamerikanische Indianer verwenden daher nur jene Schlangenbilder als Glücksbringer, auf denen die Schlange friedlich ist. Schlangen in Angriffspose bringen ihrer Überzeugung nach sicher kein Glück.

Gereinigt und aktiviert werden Schlangentalismane so wie Schildkröten-Glücksbringer unter fließendem kaltem Wasser.

Der Schwan

Der Schwan ist das Sinnbild der Schönheit. Majestätisch zieht er seine Kreise und zeigt der Welt sein schmuckes Federkleid. Allerdings ist ihm diese Schönheit nicht von Anfang an gegeben. Das Küken kommt als „hässliches junges Entlein" auf die Welt und entwickelt sich erst mit der Zeit zum Schwan. In diesem Sinne verkörpert der Schwan weniger die körperliche Schönheit als vielmehr die der geistigen Reife. Zudem sagt man ihm lebenslange Treue nach. Selbst wenn ein Partner stirbt, sucht sich der Schwan keinen neuen.

Ein Glücksbringer in Schwanengestalt bietet sich daher an, wenn es darum geht, wichtige Entwicklungsschritte zu begleiten. Die Phase in einer Partnerschaft, in der die Zeit der ersten stürmischen Liebe vorbei ist und die Mühen des Alltages das Glück zu beeinträchtigen scheinen, ist eine solche Gelegenheit. Das Heranreifen eines Kindes in der Zeit der Pubertät, in der die Nerven aller Beteiligten oft bis zum Zerreißen angespannt sind, ist eine andere. Dabei können Sie dem jungen Menschen ein Amulett in Schwanengestalt schenken. Sie können sich aber auch selber etwas Gutes tun und in irgendeinem Eck dezent einen Schwan aufstellen oder eine Schwanenfeder in ein Gesteck einbinden.

Gereinigt und programmiert wird der Schwan am besten im Schein einer violetten Kerze.

Ein Vogel steht für Beweglichkeit und Leichtigkeit und kann helfen, sich nicht gegen Notwendiges zu sträuben.

Das Schwein

„Da hast du noch einmal Schwein gehabt!" Alles klar? Schweine sind Glücksboten, zumindest in unserem Kulturkreis. Im Judentum und im Islam gelten sie dagegen als unrein. Was allerdings wenig mit den an sich sehr reinlichen Tieren zu tun hat als vielmehr mit den klimatischen Verhältnissen, die das Schweinefleisch schnell verderben lassen.

Doch zurück zu uns: Wer früher ein Schwein besaß, der hatte etwas zu essen. Und zwar vergleichsweise unmittelbar. Denn während die Kuh nur ein Kalb bekommt, das zudem länger braucht, bis es schlachtreif ist und bei dem man unter Umständen Milch gegen Fleisch abwägen muss, ist das Schwein oft mit runden Dutzend Ferkeln gesegnet. So wird klar, warum einer, der noch mal Schwein gehabt hat, gut ausgestiegen ist. Auch wenn die Kuh wertvoller sein mag.

Wer Schwein hat, hat was zu essen und dem geht's gut.

Das kleine Glücksschwein, das man häufig zum Jahreswechsel von Freunden geschenkt bekommt oder selbst verschenkt, wird ebenso wie das Sparschwein oder anderes Glücksborstenvieh in einem Erdritual gereinigt und aktiviert. Am besten stellen Sie es einige Tage in eine Schale mit schönen Steinen. Dann sollte Ihrem künftigen Wohlstand eigentlich nichts mehr im Weg stehen.

Die magische Welt des Materials

Neben der Form spielen noch eine Reihe anderer Dinge bei der Gestaltung von Talismanen eine wichtige Rolle. Ein wesentlicher Aspekt ist beispielsweise das verwendete Material.

Das verwendete Material ist ein Teil der Aussage eines Talismans.

Was gehört zum Element Wasser?

Manchmal gehen Form und Material Hand in Hand.

Ein Beispiel ist die Muschel, die auch als gezeichnete Form ihre Kraft entfaltet. Noch besser wirkt sie allerdings, wenn man sie als Muschel auch materiell in den Glücksbringer integriert. Sie ist ein Hort der Gefühle, der weiblichen Sexualität und gibt der Liebe eine Heimat. Daher ist die Muschel Form und Material erster Wahl, wenn Sie eine bestehende Liebe stärken oder eine neue Liebe anlocken wollen.

Ähnliches gilt für die Schnecke, wobei bei dieser Sicherheit, Geborgenheit und eine langsame, aber beharrliche Zielstrebigkeit im Vordergrund stehen. Die Kelten gaben problematischen Toten übrigens Schneckengehäuse mit, um sie in ihrer Grabstätte zu halten.

Man kann der Schnecke neben den Wasser-Aspekten mit ihren Gefühlsdimensionen also auch Erde-Aspekte zuordnen, die neben der Beständigkeit auch die Qualitäten der Geborgenheit, des Genusses und der Beständigkeit ins

Schnecken gehören zum Element Wasser, tragen aber auch etwas von erdiger Festigkeit in Ihr Amulett hinein.

Diese Karibikschnecke ist ein Sinnbild von Lust und Liebe und gehört zum Element Wasser.

Spiel bringen. Schwimmend sind die Grenzen bei den Riesenexemplaren aus der Karibik und der Südsee. Die dort zu findenden Seeschnecken können Sie getrost wie Muscheln einsetzen.

Weitere, dem Element Wasser zuzuordnende Materialien sind Keramik, Perlen, Gusseisen, Leder, Hanf und dünnes Porzellan. Einfach zu bekommende und unkompliziert einsetzbare Glücksbringer sind simple Christbaumkugeln. Eine kräftig rote Kugel bringt Schwung in den Büroalltag und sorgt dafür, dass die Schaffenskraft nicht so bald erlahmt. Eine gelbe Kugel stärkt daheim im Wohnzimmer Sinnlichkeit und Genussfähigkeit; und im Schlafzimmer sorgt eine durchsichtige Glaskugel für einen erholsamen Schlaf und gute Träume.

Probieren Sie es aus – erfahrungsgemäß bemerken die meisten Besucher nur die wohltuende Atmosphäre im Raum. Doch selbst wenn sie bemerken, dass mitten im Hochsommer Christbaumkugeln bei Ihnen herumhängen, werden sie sich mit der Erklärung, dass Ihnen das einfach gefällt, schnell zufrieden geben. Im Übrigen sind in den vergangenen Jahren grellbunte Glaskugeln auf Stäben als Rosenkugeln in unsere Gärten eingezogen. Und warum sollen ausgerechnet Sie sich vorenthalten, was Amsel, Drossel, Fink und Star den Sommer hindurch genießen dürfen?

Was gehört zum Element Luft?

Die Luft ist schwer greifbar, kaum materiell – es sei denn, es herrscht so dicke Luft, dass man sie schneiden kann. Aber genau die ist ja nun wirklich kein geeignetes Material, um daraus Glücksbringer zu machen.

Dementsprechend schwer kann es manchmal sein, ein Material zu finden, das den Qualitäten des Elementes Luft entspricht. Sollten Sie in die Situation kommen, Derartiges zu brauchen, denken Sie am besten zunächst an Papier, Pergament und Wachs. Mit Kerzen ist das dagegen schon wieder so eine Sache. Brennt man sie ab, gehören sie etwa zu gleichen Teilen den Elementen Feuer und Luft. Und je nach Farbe kommen unter Umständen noch weitere Aspekte ins Spiel. Mit einer brennenden roten Kerze werden Sie sich jedenfalls eher im Reich des Feuers aufhalten, mit einer hellgelben oder hellblauen eher im Reich der Luft. Auch hier hilft letztlich nur Ausprobieren, was sich für Sie am stimmigsten anfühlt.

Das Element Luft können Sie sichtbar machen, indem Sie einen Seidenschal in einen Baum hängen.

Weitere Ausgangsmaterialien im Zeichen der Luft sind Buntmetalle, die sich zu fantasievollen Amuletten verarbeiten lassen sowie Stoffe und Glasperlen. Letztere teilen sich in der Zuordnung aber wieder auf die Elemente Luft und Wasser auf. Sie sehen, die Grenzen sind fließend, was bei Flüssigem und bei Gasförmigem auch kein wirkliches Wunder ist.

Schließlich können Sie auch Glas und Plexiglas nehmen. Zur Verarbeitung benötigen Sie für beides Spezialwerkzeuge. Denn normale Bohrer oder Sägeblätter fliegen Ihnen beim Einsatz in Glas und Plexiglas um die Ohren. Und das kann kein Glück bringen.

Was gehört zum Element Erde?

Dem Element Erde sind Materialien wie Ton, Lehm, Sand und Steine, aber auch Kupfer und Blei sowie Leder zugeordnet. Wobei Steine ein Sonderfall sind. Grundsätzlich folgen sie nämlich dem Element Erde, im Einzelnen wer-

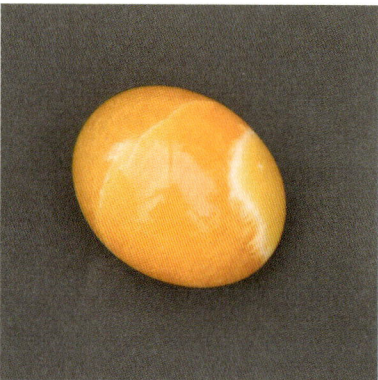

den verschiedene Steinarten jedoch mit anderen Elementarwirkungen hinterlegt. Damit soll die individuelle Wirkungskraft der Mineralien berücksichtigt werden.

Diese Art der spezifischen Wirkung geht übrigens bis in die Antike zurück. So zitieren Quellen aus dem 15. Jahrhundert etwa Aristoteles, der dem Smaragd eine Schutzwirkung gegen Fallsucht zuschrieb und alle Arten des Hyazinths Reisenden empfahl, damit sie in der Fremde keinen Gefahren ausgesetzt seien und gut aufgenommen würden. Die gleiche Quelle schreibt übrigens dem Karneol, der heutzutage vor allem als Quelle des Selbstbewusstseins und der attraktiven Ausstrahlung eingesetzt wird, eine ausgleichende Wirkung bei Zorn und Streit zu – ein interessantes Beispiel dafür, wie zwei Seiten zu einer Medaille werden.

Mit den modernen Wirkungszuschreibungen aus dem Reich der Mineralien und Edelsteine lassen sich ganze Bücher füllen. Das würde nicht nur diesen Rahmen sprengen, sondern ist auch nicht sinnvoll. Ein ganz gewöhnlicher Straßenkiesel kann nämlich einen ebenso wirksamen Talisman abgeben wie ein wertvolles Juwel. Sie müssen nur einen Bezug zu dem Stein haben, müssen in seiner Zeichnung, seiner Färbung oder seiner Form etwas sehen, was für Sie von Bedeutung ist. Reinigung und Programmierung erledigen dann das ihre, um aus einem einfachen Kiesel einen höchst wirkungsvollen Glücksbringer zu machen.

Vorsichtig sollten Sie nur bei Steinen sein, die Sie im Urlaub sammeln. Vor allem bei der Ausreise aus Griechenland oder der Türkei kann man schnell hinter schwedischen Gardinen landen, wenn ein Zöllner den Fund im Koffer entdeckt und den Verdacht hegt, man könnte eine antike Fundstätte geplündert haben.

Ein Ausflug in die Welt der Steine

Als Anhaltspunkte bei der Suche nach Ihren ganz persönlichen Glückssteinen sollen Ihnen die im Folgenden aufgelisteten wichtigsten Zuordnungen helfen. Dabei finden Sie hier nicht eine Reihe von Steinen in alphabetischer Reihenfolge, denen bestimmte Eigenschaften zugeschrieben werden, sondern eine Liste möglicher Einsatzgebiete dieser Steine, zu denen dann einige besonders gut geeignete Mineralien und Metalle angeführt werden.

- Sie wollen etwas durchsetzen? – Dazu benötigen Sie Mut, Tapferkeit, Willenskraft, Engagement und Gradlinigkeit. Um diese Qualitäten zu unterstützen, empfehlen sich Eisen, Magneteisenerz, Hämatit und roter Turmalin. Wenn es etwas teurer werden darf oder Sie alten Schmuck besitzen, wählen Sie Rubine oder Granate.

- Sie wollen etwas genießen? – Dafür sind Ruhe, Zärtlichkeit, Sinnlichkeit, Bodenständigkeit und Friede die Grundvoraussetzungen. Schaffen Sie eine solide Grundlage mit Kupfer, Achat, grünem Turmalin oder Serpentin. Blaue Saphire und Achate, Smaragde und rotbraune Korallen eignen sich ebenso – zumindest wenn es die Brieftasche zulässt. Oder Sie genießen ganz einfach und lassen sich diese Steine schenken.

- Sie suchen Geselligkeit oder wollen sich geistig anregen lassen? – Dann sollten Sie voller Heiterkeit sein und Neuem gegenüber aufgeschlossen. Mit diesen Eigenschaften lässt sich ein echter Zinnober veranstalten – also greifen Sie auch gleich zu dem Stein dieses Namens oder zu einem Zitrin. Aber auch Goldtopas, Beryll und Gold-Beryll sind gut geeignet.

Der Mondstein ist eine gute Hilfe, wenn die eigene Hilfsbereitschaft gefordert ist.

- Sie stehen vor neuen Herausforderungen in der Partnerschaft, etwa weil ein Baby in Ihr Leben tritt oder weil der Partner schwer erkrankt ist und Ihrer Pflege bedarf? – Lassen Sie sich helfen, etwa ein hübsches Silbermedaillon, Perlen oder helle Opale. In Frage kommen aber auch Mondstein und Smaragd.

- Sie benötigen mehr Selbstbewusstsein, müssen bei einem Vortrag die Zuhörer beeindrucken oder einen neuen Chef von Ihren Qualitäten überzeugen? – Dafür benötigen Sie Kraft, eine interessante Ausstrahlung und ein gutes Gefühl für die Situation, in der Sie sich befinden. Um sich selbst bei derartigen Anliegen zu unterstützen, können Sie ins Volle greifen und Goldschmuck oder Diamanten tragen. Etwas bescheidener, aber um nichts weniger wirksam sind das Tigerauge und der Karneol. Aber zugegeben: Wer sagt schon bei Diamanten nein, wenn er sie haben kann.

Wenn Sie Dingen auf den Grund gehen müssen, hilft unter anderem Bernstein.

- Sie wollen eine Situation gründlich analysieren, um auf dieser Grundlage Entscheidungen treffen zu können? Sie haben wichtige Pflichten zu bewältigen oder müssen für etwas viel Sorgfalt aufbringen? – Keine einfache Situation, für die Sie eine gewisse Distanz zum Geschehen ebenso gut gebrauchen können wie Konzentrationsfähigkeit und einen gesunden Hausverstand. Und einen Schmuck aus Bernstein, Topas oder grünem

Achat. Zitrin oder Jaspis, egal in welcher Färbung, funktionieren in diesem Fall aber auch. Und fürs Büro reicht auch ein simpler Rauchquarz.

- Sie wollen mit Charme und Freundlichkeit Herzen erobern oder eine vertrackte Situation wieder ins Lot bringen? – Dazu sollten Sie die Kunst der Konversation und der Diplomatie beherrschen. Rauchquarze, Rosenquarze und Rauchtopase unterstützen Sie dabei. Wobei man sich schon fragt, warum in unseren Büros die Stimmung derzeit so schlecht ist bei all den Rosenquarzen, die dort als Briefbeschwerer herumstehen. Aber vielleicht werden sie ja nicht regelmäßig gereinigt und aufgeladen.

  Rosenquarz hilft, wenn es darum geht, Diplomatie einzusetzen. Doch reinigen Sie sie regelmäßig!

- Sie haben Ideale, die Sie anstreben, wollen sich unangenehme oder ungesunde Eigenarten wie das Rauchen abgewöhnen oder abnehmen? – Lassen Sie sich von dunklen Granaten, schwarzen Edelopalen, Feueropalen oder gelbgrünen Karneolen helfen. Wenn Sie für Ihr Vorhaben besonders viel Kraft brauchen, können Sie auch mit ein wenig Eisen oder Platin nachhelfen.

- Sie wünschen sich ein bisschen mehr Freude im Leben, wollen optimistischer an bestimmte Dinge herangehen oder mehr Toleranz aufbringen, etwa Ihren heranwachsenden Kindern gegenüber? – Das sind doch alles sehr erstrebenswerte Vorhaben, die Sie etwa mit Lapislazuli oder dunklen Amethysten unterstützen sollten.

  Optimismus fördert der blaue Lapislazuli.

- Sie streben etwas an, was sich nicht mit einem einmaligen Kraftakt erreichen lässt, und fühlen sich auf diesem Weg allein gelassen? – In einer solchen Situation helfen Ausdauer, Disziplin und Klarheit sowie Bergkristalle, klarer Quarz oder Diamanten.

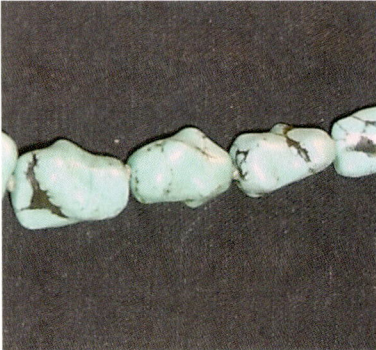

Wer dazu neigt, sich für andere aufzuopfern, und wem die Ideen ausgehen, dem hilft der Türkis.

● Sie sind an einem Punkt angekommen, an denen Ihnen die Ideen ausgehen – schlecht, vor allem, wenn Sie in der so genannten Kreativindustrie tätig sind. Aber auch Hausfrauen und Mütter brauchen ständig neue, gute Einfälle, damit ihnen der Alltag nicht über ihrem Kopf zusammenschlägt. Als kleine Kreativhelfer bieten sich Aquamarin und Türkis an. Sagen Sie das doch einfach einmal Ihren Lieben, die tagtäglich von Ihren guten Ideen profitieren. Und wenn wir schon dabei sind – da wäre auch noch der Diamant …

● Sie sind der gute Geist aller anderen, der sich aufopfert, ohne an sich selbst zu denken und selten einen Dank dafür bekommt – das ist anstrengend und bringt Sie kein Stückchen weiter in der eigenen Entwicklung. Manchmal wirkt es Wunder, wenn man sich in dieser Situation einmal nach den verborgenen Motiven der scheinbar so Hilfsbedürftigen fragt. In aller Regel zeigt es sich dann, dass man mit seiner Hilfsbereitschaft recht fragwürdige Beweggründe unterstützt. Jade, Alabaster oder Türkise, aber auch helle Amethyste helfen einem, die wahren Anlässe hinter den Dingen zu sehen und sich besser abzugrenzen.

Was gehört zum Element Feuer?

Alles, was leicht brennt, kann den Materialien zum Element Feuer zugeordnet werden. Dazu zählen Holz, Papier, aber auch Kräuter. Wobei für Holz und Kräuter wiederum jene Einschränkung gilt, die auch bei Steinen gültig ist. Bäume und Pflanzen sind zusätzlich zu ihrer grundsätzlichen Zuordnung mit einem weiteren Element hinterlegt. Bei Fichte, Platane oder Kastanie ergibt sich beispielsweise eine Verstärkung, weil sie als Bäume nicht nur ganz allgemein

dem Feuer zugeordnet sind, sondern auch in ihren speziellen Qualitäten diesem Element folgen. Anders ist das hingegen etwa bei der Eiche, die dem Element Erde folgt, der Pappel, die vom Element Luft regiert wird, oder der Linde, die dem Element Wasser gehört.

Kräuter sind sogar ein doppelter Spezialfall. Generell dienen sie dem Element Feuer. Durch ihr spezielles Wirkungsspektrum müssen sie aber zum Teil auch den anderen Elementen zugeordnet werden. Und Pflanzen mit ätherischen Ölen kann man auch für Räucherungen verwenden, weshalb sie dem Element Luft zuzuordnen sind.

Übrigens ist das auch mit dem Papier so eine Sache, da es in einigen Ordnungen dem Element Luft zugerechnet wird. Am besten probieren Sie es selber aus, ob es für Sie passt, es ohne eine Element-Zuordnung zu verwenden. Manchmal bietet es sich einfach an, die Dinge zu Papier zu bringen.

Der im Osterfeuer geweihte Weidenprügel schützt vor Blitzschlag, in den Acker gesteckt, sorgt er für eine reiche Ernte.

Doch zurück zum Holz. Es ist ein dankbares Material, das sich leicht bearbeiten lässt, um Talismane herzustellen. Oft ist seine ursprüngliche Form aber schon so sprechend, dass der Verwendungszweck klar ist. Manchmal bestimmen aber auch der Fundort oder die Umstände, die zum Fund führten, das künftige Einsatzgebiet. So haben wir beispielsweise ein kleines Stück silbern schimmerndes Holz in unserer Sammlung, das wir am Ufer des Jordans unmittelbar an der zugänglichen Grenze des jordanischen Sperrgebietes zu Israel hin gefunden haben. Er kommt zum Einsatz, wenn es um das Überwinden von Trennendem mit all den dazu gehörenden belastenden Gefühlen geht.

Halten Sie einfach die Augen offen und Sie werden wie ganz von selbst auf wunderschöne Talismane stoßen, die die Natur für Sie wachsen ließ.

Bei Geschenken der Natur ist eine Reinigung nicht notwendig. Die Aktivierung können Sie gleich vor Ort vornehmen. Schließen Sie dafür die Augen, lehnen Sie sich mit Ihrer Körpervorderseite gegen den Baum und umschließen Sie ihn mit Ihren Armen. Versuchen Sie zunächst Kontakt mit dem Baum aufzunehmen und sich allmählich in seinen Energiekreis einbeziehen zu lassen. Spüren Sie, wie der Baum mit seinen Wurzeln Wasser aus der Tiefe der Erde saugt und wie er mit seinen Ästen Nahrung aus der Luft in seine Blätter holt. Spüren Sie die Ruhe und die Gelassenheit, die von diesen Lebewesen ausgehen, deren Lebenszeichen uns viel zu selten bewusst werden. Und versuchen Sie sich vorzustellen, wie es sich anfühlt, wenn Entwicklungszyklen weit über unsere menschlichen Lebensspannen hinausgehen. So verbunden mit dem Baum können Sie nun beginnen, ihm leise oder auch nur in Gedanken mitzuteilen, wofür Sie sein Holz, sein Laub oder seine Früchte benötigen. Bitten Sie ihn, Sie zu unterstützen, und vergessen Sie nicht, sich für seine Gabe bei ihm zu bedanken.

Bevor die einzelnen Baumarten und ihre Früchte näher beschrieben werden, sei noch ein allgemeiner Hinweis angebracht: Sollten Sie Zweige vom Baum abschneiden oder abbrechen, dann gehen Sie möglichst schonend ans Werk. Und bringen Sie das Holz oder die Baumfrüchte nach Möglichkeit wieder an diesen Ort zurück, wenn Sie den Talisman nicht mehr benötigen.

Griechen, Römer, Germanen und Kelten hatten eine besondere Beziehung zu vielen Bäumen und Pflanzen. Sie waren ihnen heilig und bestimmten Göttern geweiht. Stämme im keltischen Irland fällten die heiligen Bäume ihrer Feinde, um diese zu schwächen.

Wenn Sie einen Eichenwedel beim Räuchern zum Verteilen von Rauch verwenden, tragen Sie die Kraft der Eiche in Ihre ganze Wohnung.

Um alle heimischen Baumarten näher zu beschreiben, fehlt hier der Platz. Die folgende Auswahl basiert auf Michael Vescolis Buch „Der Keltische Baumkreis" und wird ergänzt um die Analogien von Rüdiger Dahlke und Nikolaus Klein.

Die Eiche

Allen voran gebührt wohl der Eiche die erste Erwähnung. Sie ist der Baum des Lebens schlechthin, ein Symbol der Beständigkeit und göttlicher Kraft. Michael Vescoli nennt sie das Sinnbild der Lebenskraft.

In vielen Kulturen ist die Eiche der Baum des obersten Gottes.

Die Eiche ist dem obersten Gott, dem Donnergott, geweiht. Sie verkörpert das Element Feuer und steht für Überlebenswillen, auch unter schwierigen Bedingungen.

Das Eichenlaub krönt wie der Lorbeerkranz den Sieger, Eicheln gelten als Zeichen der Fruchtbarkeit und des Erfolges. Für Talismane und magische Rituale kann man sie immer dann einsetzen, wenn es darum geht, viel Kraft und einen eisernen Willen zu mobilisieren.

Haselruten geben gute Wünschelruten ab.

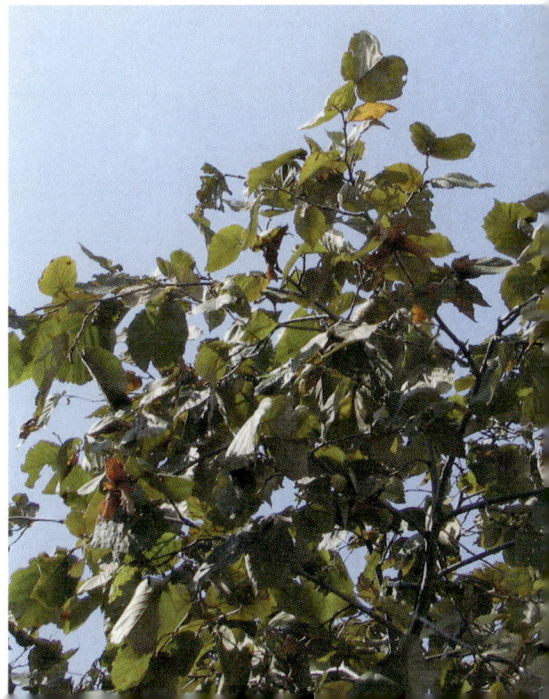

Reinigen und aktivieren können Sie einen Talisman aus Eichenholz oder Eicheln am besten, indem Sie ihn für einige Tage in einem Kistchen mit lockerer Erde vergraben.

Die Haselnuss

Die Haselnuss ist eine alte Vertraute der Hexen. Ihr Reisig lässt sich zu Körben flechten, in denen sich nicht nur Materielles aufbewahren lässt. Ihre Ruten gelten als Stäbe und Stützen und schützen den Menschen vor Fehltritten und Grenzüberschreitungen. Früher waren es die prügelnden Schulmeister, die sich der Kinder nicht anders zu erwehren wussten, heute sind es lästige Zeitgenossen, die uns zu nahe treten – und natürlich ist die Haselrute auch einsetzbar, ohne gleich zu körperlicher Züchtigung zu schreiten.

Aktivieren können Sie einen Talisman aus Haselnussruten oder Haselnüssen mit Hilfe von Bergkristallen.

Die Vogelbeere

Die Vogelbeere steht im Zeichen des Merkur und damit des Elements Luft. Ihre Beeren helfen gegen Magenkrämpfe und bei Darmproblemen, weshalb ihr Schnaps bei vielen Menschen ein beliebtes Hausmittel ist. Die Vogelbeere sucht sich überall ihren Platz, ohne anderen Pflanzen das Licht zu nehmen, sie trägt aber auch als junger Baum oft schon überraschend reiche Früchte.

Vogelbeeren bringen nicht nur den Tieren Lebenskraft und Energie. Auch Ihnen können sie in verfahrenen Situationen helfen, einen Ausweg zu finden.

Als Talisman lassen sich die getrockneten Beeren gut dann einsetzen, wenn Sie das Gefühl haben, dass etwas aus Ihrem eigenen Verschulden schief gegangen ist. Informieren Sie die Beeren beim Aktivieren, was passiert ist und warum Sie sich geistig verkatert fühlen. Bitten Sie Ihren Talisman, Ihnen aus dieser Sackgasse herauszuhelfen, bleiben Sie aber offen für den Weg, auf dem dies passiert.

Reinigen und aktivieren lässt sich ein Vogelbeere-Talisman mit Hilfe von Räucherwerk, allem voran mit Pfefferminze.

Der Ahorn

Haben Sie sich als Kind auch die Samen des Ahorns auf die Nase geklebt? Dann ist Ihnen vielleicht auch die offensichtliche Diskrepanz zwischen diesen zart durch die Luft segelnden Flügelsamen und den oft mächtigen, knorrigen Bäumen aufgefallen. Der Ahorn bestreitet seine Existenz ehrgeizig, allerdings ist er nicht immer so stabil, wie es vielleicht wünschenswert wäre. Daher sieht man häufig Bäume

mit geteilten Stämmen. Diese Eigenheit ist für Talismane nicht unbedingt günstig. Gut einsetzbar sind dagegen die Flügelsamen, die für freies Denken und geistige Beweglichkeit stehen.

Reinigen und aktivieren können Sie Talismane mit Ahornbestandteilen etwa durch ein Bad in Holunderblüten.

Die Walnuss

Die Walnuss erobert den Horizont und schafft eine neue Heimat. Ihr Stamm ist kurz, aber ihre Krone reicht weit in den Himmel. Bekommt sie genug Sonne und keinen Frost, liefert sie Unmengen nährstoffreicher Früchte. Als Talisman kann man ihr Holz für Bann- und Schutzbringer einsetzen. Schlechte Energien vertreibt sie auf der feinstofflichen Ebene so, wie sie auf der stofflichen Ebene Insekten keine Chance gibt. Ihre Nüsse symbolisieren so manche harte Nuss, die es zu knacken lohnt.

Gereinigt und aktiviert wird ein Walnuss-Talisman durch eine kleine Feuerzeremonie oder über der Flamme einer kardinalroten oder königsblauen Kerze.

Der Walnussbaum hat hohe Ziele – sein Holz hilft Ihnen, Veränderungen gut zu bewältigen. Die Früchte helfen Ihnen, Ihren eigenen Weg zu gehen.

Die Pappel

Auch die Pappel ist – wie der Ahorn und die Vogelbeere – ein Baum der Luft. Das weiß jeder, der sich einmal im Herbst im Freien aufgehalten hat. Das Rauschen in den Zweigen nimmt eine Intensität an, die ihresgleichen sucht.

Im magischen Sinn hilft die Pappel, die reine „Quassellust" zu überwinden. So schnell wie

der Baum wächst, so schnell soll sein Holz helfen, durch rasche Auffassungsgabe und geistiges Kombinationsvermögen Unsicherheit aus der Welt zu schaffen. Daher können Pappelzweige ganz allgemein immer dann eingesetzt werden, wenn es darum geht, Zukunftsängste zu besiegen.

Aktiviert wird die Pappel beispielsweise durch die hellen, klaren Töne einer Klangschale.

Die Kastanie

Kastanien treten in zweifacher Gestalt auf: als Ross- und als Edelkastanie.

Vescoli ordnet die Edelkastanie mit ihren unscheinbaren Blüten und ihren schmackhaften Früchten dem keltischen Baumkreis zu und nennt sie den Baum der Wahrheit.

Die Rosskastanie blüht dagegen prächtig und ihre Früchte sind zwar für viele Tiere eine Delikatesse, für Menschen dagegen nicht genießbar.

Im magischen Gebrauch ist die Kastanie feiner Repräsentant der fruchtbaren, feuchtwarmen Herbsttage. Rosskastanien lassen sich in dieser Zeit auch zu hübschen Talismanfiguren verarbeiten, die den Geist der Ernte ins Haus holen. Und wenn Sie sie in der Hosentasche bei sich tragen, sollen sie Sie vor Rheuma bewahren.

Stilecht reinigen und aktivieren lassen sich Kastanien-Talismane im Rahmen eines klassischen Herbstfeuers, wie es Kartoffelfeuer sind. Aber nicht jeder hat dazu die Gelegenheit. Im Zweifel tut es auch eine leuchtend rote Kerze.

Klangschalen eignen sich zum Aktivieren eines Pappelamuletts.

Die Esche

Die Esche will hoch hinaus und sucht sich daher Standorte, an denen sie ohne lästige Gesellschaft 35 bis 40 Meter gen Himmel streben kann. Trotzdem ist sie kein „egoistischer" Baum. Denn durch Jahrtausende wurden ihre Äste und Zweige als „Schneitelung" von den Bauern an das Vieh verfüttert. Dieser Baum lässt sich so gut wie jede Gestalt aufpfropfen und seine Blätter und die Rinde dienen in der Naturheilkunde als Arzneien. Als Talisman steht das Eschenholz für ordnende Struktur, Leistungsbereitschaft und flexible Belastbarkeit.

Aktivieren lässt sich die Esche, indem man das Holz einige Tage in die Erde steckt.

Eschenholz ist ein Talisman für Flexibilität und Belastbarkeit.

Die Hagebuche

Die Hagebuche ist ein Sinnbild der Loyalität. Ihr Holz ist das härteste europäische Nutzholz, was ihr den Namen „Eisenholz" eintrug. Hagebuchen kommen als widerstandsfähige Einzelbäume genauso vor wie als dichte Hecken, die bis in den Spätwinter hinein ihre Blätter behalten.

Hagebuchenholz eignet sich vor allem für Talismane, die Zähigkeit und Durchhaltevermögen unterstützen sollen. Aber auch wenn es um Loyalität unter schwierigen Bedingungen geht, ist die Hagebuche Material erster Wahl.

Legen Sie die Hagebuchenzweige einige Tage in ein Kistchen mit Erde, um sie zu aktivieren.

Die Hainbuche oder Hagebuche hilft, standhaft zu bleiben – bei Schwierigkeiten aller Art.

Die Feige

Wer weiß, vielleicht ist ja in Wahrheit die Feige der Baum der Erkenntnis. Sie steht jedenfalls im Dienste des Pluto und symbolisiert die Möglichkeit, über sich selbst hinauszuwachsen. Vescoli formuliert für die Feige die psychologi-

Feigen mit ihren zahlreichen Samen stehen für Fruchtbarkeit.

sche Empfehlung: „Jeder Wunsch stirbt mit seiner Erfüllung, das Wollen führt weiter!" Für Talismane eignen sich Feigen nur vorübergehend und da auch nur im Zustand der getrockneten Frucht.

Aktiviert wird die Feige durch das Licht des Mondes oder durch das Aufbewahren in einer silbernen Schale.

Die Birke

Das helle Birkenlaub ist ein lebendiger Frühlingsbote, der Saft der Blätter dient der inneren Vorbereitung auf das neue Jahr.

Die Birke ist ein Baum des Ausgleichs, der Mitte und der Harmonie. Ihre Rinde ist luftgepolstert und wasserdicht, weshalb sie bei Pfadfindern eine begehrte Anzündhilfe fürs Lagerfeuer ist. Bei den Kelten galt die Birke als Lichtbaum, der im Hochsommer seinen Weihetag hat. Ihr Holz ist hart und fest, aber zugleich leicht zu bearbeiten. Ihr Saft wird in der Naturmedizin eingesetzt, um den Wasserhaushalt des Körpers zu regulieren, und zum Entgiften. Auch in der magischen Verwendung steht die Birke für die Einweihung, aber auch für Jugend, Schönheit und Reinheit.

Birkenzweige lassen sich mit Jasminessenzen oder Lavendelblüten reinigen und programmieren.

Die Buche

Vescoli nennt die Buche die Königin unserer Wälder. Sie kann lange unter schlechtesten Bedingungen ausharren, um sich schließlich durchzusetzen. Obwohl sie keine Rücksicht auf ihre Umgebung nimmt, nutzen ihr dichtes Laubkleid und die verzweigten Flachwurzeln der Erde, in der sie steht. Ihr Holz hat einen höheren Brennwert als Eichenholz, als Sauerstoffproduzent gewinnt sie mit zunehmendem Alter an Produktivität. Und die Früchte der Buche, die Bucheckern, liefern gutes Speiseöl.

Buchenholz und Bucheckern sind überall dort als Talismane am richtigen Platz, wo es um eigenständige Zielstre-

bigkeit, Unabhängigkeit und Durchsetzungsvermögen geht.

Auch die Buche gehört zu jenen Materialien, die sich durch einen schlichten Bergkristall am einfachsten programmieren lassen.

Der Apfelbaum

Der Apfel ist die Frucht der Liebe. Der Baum
ist der Venus geweiht, seine Früchte spielen in
den Sagen und Mythen unserer Vorfahren
eine große Rolle. Paris beleidigte Aphrodite,
weil er der schönen Helena den Apfel der
Liebe überreichte. Adam und Eva aßen den
Apfel vom Baum der Erkenntnis. Der Apfel ist
das Symbol liebender Verbundenheit, auch wenn er den
oben genannten Protagonisten nicht sonderlich gut
bekommen ist. Für Talismane ist vor allem die Blüte des
Apfelbaumes geeignet, die man gemeinsam mit Rosen und
Jasminblüten einsetzen kann.

Die Tanne

Die Tanne ist das Pendant zur Birke. Sie ist der Weihnachts-
baum, der Weihebaum der Nacht, der Dunkelheit und des
Winters, während ihr Gegenüber der Weihebaum des Tages, der Helligkeit und des Sommers ist. Doch wo die Tage
am kürzesten sind, da kommt das Licht zurück und damit
die Hoffnung. Die immergrüne Tanne deutet in aller Bescheidenheit auf den Beginn des Lebens, die Geburt und
die Zuversicht hin. Ihre Zapfen sind Repräsentanten für
diese (Wieder-)Geburt, die neuen Chancen und die frischen Möglichkeiten.

Auch die Tanne und ihre Zapfen werden durch die
Gesellschaft eines Bergkristalls geklärt und programmiert.

Die Thuja als Lebensbaum gehört zur Symbol-
welt des Skorpions und kann Ihnen helfen, die
Ursache von Unzu-friedenheit und quälenden Lebens-
bedingungen zu erkennen.

Die Ulme

Die Ulme ist ein Sinnbild für Individualität, die ohne Egoismus und Selbstsucht auskommt. Sie bildet keine dichten Wälder, sondern lichte Haine, sie wächst schnell und gleichmäßig. Das gibt Ulmen ein erhabenes Erscheinungsbild. In unserer Zeit werden Ulmen durch sinkende Grundwasserspiegel und Ungezieferbefall immer stärker zurückgedrängt. Finden Sie dennoch ein gesundes, starkes Exemplar, dann nutzen Sie etwas von ihrem Holz für Glücksbringer, die Sie dabei unterstützen sollen, eigene, wenn auch etwas ungewöhnliche Wege zu beschreiten.

Ulmenzweige gehören für einige Tage in ein Kistchen mit loser Erde, um sie zu aktivieren.

Die Zypresse

Die Zypresse dient Mars, dem Kriegsgott, und repräsentiert das Element Feuer. Viele Arten haben intensiv duftendes Holz. Vescoli nennt die Zypresse den Baum der Auferstehung, dem er folgende Affirmation zuordnet: „Wer frei sein will, befreit sich auch vom Anspruch auf Freiheit." Der Einsatz der Zypresse empfiehlt sich mithin immer dann, wenn man Wünsche, Begierden und Eitelkeiten loslassen möchte.

Dem Mars entsprechend feurig wird die Zypresse als Talisman aktiviert: Entfachen Sie ein echtes Feuer; wenn schon nicht im Freien, dann zumindest in einer Räucherschale im Haus.

Die Zeder

Die Zeder ist ein Einwanderer, ursprünglich hatte der Baum seine Heimat in Kleinasien. In unseren Breiten ist er nur bedingt heimisch, weil ihm die Winter zu kalt sind.

Glücksbringer aus Zedernholz werden Sie vermutlich hauptsächlich im Urlaubsgepäck heimbringen. Oder Sie verwenden Zedernöl, das nicht nur die Kleidermotte, sondern auch nagende Selbstzweifel und trübe Gedanken vertreibt.

Die Zeder aktivieren Sie luftig, mit Räucherungen aus Sandelholz oder noch besser mit Zedernholzdüften.

Die Kiefer

Die Kiefer ist ein Diener der Winde, ihr Element ist die Luft. Ihre Nadeln und Zapfen verkörpern dieses Prinzip vollkommen, weshalb sie überall dort eingesetzt werden können, wo es um geistige Leistungen geht. Eine Prüfung, eine Denksportaufgabe oder ein kniffliges Problem im Beruf? Kein Problem, mit einem Kiefertalisman fliegen Ihnen die guten Ideen nur so zu. Und Sie werden Wissen mobilisieren, von dem Sie gar nicht wussten, dass Sie es haben.

Auch die Kiefer mag es bei der Aktivierung luftig. Jasminöl ist gut geeignet, aber auch das Abstreichen mit einer Fasanen- oder Papageienfeder.

Gute Ideen bringt Ihnen die Kiefer, gute Gedanken hält die Weide für Sie fest.

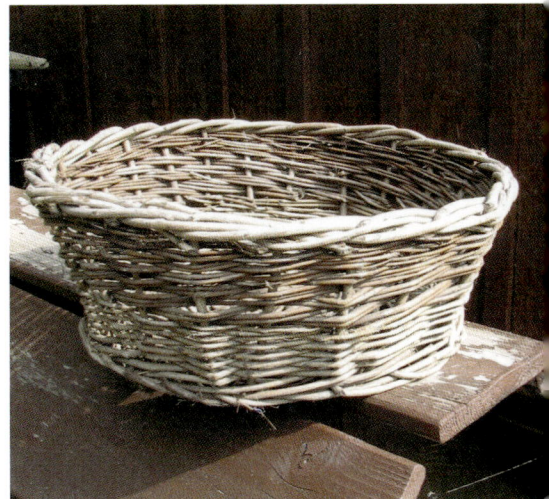

Die Weide

Flexibilität, die Halt gibt: das ist das Prinzip der Weide. Ihre Ruten sind geschmeidig und biegsam. Sie lassen sich zu Körben flechten oder zu Uferbefestigungen für traditionelle, heute wieder in Mode kommende Bachuferbefestigungen. Aus Weidenruten entstehen Reisigbesen – und wer weiß, vielleicht entstand aus ihnen

auch so manches Fluggerät für Hexen. Hier sei der Einsatz der Weide weniger zum Fliegen als vielmehr zum Halten empfohlen. Weidenholz ist überall dort am Platze, wo es darum geht, durch Nachgiebigkeit und Flexibilität Halt und Stützkraft zu erzeugen – etwa in der Kindererziehung oder beim Formen eines motivierten Teams im Berufsleben.

Die Weide müssen Sie vorsichtig reinigen und aktivieren. Sonst treiben Ihnen die Weidenruten womöglich aus. Am besten legen Sie sie in einer Vollmondnacht ins Mondlicht.

Die Linde

Mit ihren herzförmigen Blättern bietet sich die Linde als Baum der Gefühle förmlich an.

Die Linde ist der Baum der Gefühle. Er steht im Zentrum der Gemeinschaft, die sich dort trifft, um sich auszutauschen, um Recht zu sprechen oder Beziehungen zu knüpfen. Im Mittelalter war Lindenholz heiliges Holz, aus dem Kreuze und Heiligenfiguren geschnitzt wurden.

Lindenblüten helfen nicht nur gegen Erkältungskrankheiten, sie sind auch traditionelle Talismane, die gegen jene Leidenschaft schützen, die Leiden schafft. Gereinigt und aktiviert werden auch sie am besten im Licht des Vollmondes.

Die Olive

Olivenholz ist etwas ganz Besonderes und kann unglaublich alt werden.

Olivenbäume können 2000 Jahre alt werden; ein Reifungsprozess, wie er außer der Eibe keinem anderen Lebewesen auf diesem Planeten vergönnt ist. Daher steht der Olivenbaum für Reife und Weisheit. Seine ölhaltigen Früchte machen ihn zu einem Symbol von Wohlstand und Glück.

Für magische Verwendungen eignet sich neben dem Holz, das sich leicht bearbeiten lässt, vor allem auch das Öl der Oliven. Mit Kräutern versetzt kann es etwa für Salbungen eingesetzt werden. Oder es repräsentiert in einer

Öllampe die Qualitäten von Hoffnung und Licht. Aktiviert wird die Olive wie alle Jünger des Saturns am besten mit Hilfe eines Bergkristalls.

Als immergrüner Baum mit giftigen Beeren ist die Eibe eine zwiespältige Pflanze, Symbol des Lebens, aber auch des Todes.

Die Eibe

Die Eibe ist gemeinsam mit der Thuja ein Baum Plutos. Sie wächst langsam und wirkt in ihrer Struktur chaotisch. Doch ihre immergrünen Äste streben unbeirrbar nach oben. Den Kelten galt die Eibe als so heilig, dass Menschen, die eine Eibe verletzten oder gar fällten, mit schweren Strafen rechnen mussten.

Die Eibe steht für den Wunsch, den okkulten Urgrund der Dinge um jeden Preis zu enthüllen. Damit wird sie zum

Hüter der Schwelle zur Unterwelt, dem Reich des Todes. Doch als immergrüne Pflanze, die über 1000 Jahre alt werden kann, wird sie auch zum Begleiter im ewigen Rad der Wiedergeburt und der dadurch möglichen Entwicklung. Nutzen Sie diese Qualitäten, wenn es darum geht, über sich selbst hinauszuwachsen, auch den unangenehmen Anteilen der eigenen Persönlichkeit auf den Grund zu gehen und einen Neuanfang zu wagen.

Eibe und Thuja sind von sich aus aktiv; zusützlich programmieren können Sie beide, indem Sie die Zweige in guter Erde vergraben und einmal den vollen Mond und einmal die Sonne darüber ziehen lassen.

Die Mistel

Wenn eine Mistel blüht, ist sie bereits mindestens 30 Jahre alt. Heute kommt sie deshalb wieder zu Ehren: In vielen Ländern darf man sie nicht mehr schneiden.

Kein Baum, als Talisman aber mindestens ebenso wichtig wie die hier aufgeführten Bäume, ist die Mistel. Im Grunde handelt es sich um einen Schmarotzer, der sich in den Kronen großer Laubbäume festsetzt, ohne seinem Wirt von großem Nutzen zu sein. Doch jeder, der Asterix gelesen hat, weiß, dass es mit dieser Pflanze etwas Besonderes auf sich haben muss. Findet sie sich doch in jedem wichtigeren Rezept von Miraculix, dem Druiden.

Betrachtet man das bekannte Wirkungsspektrum, so kann man der weißen Mistel zumindest eine leicht narkotisierende und krampflösende Wirkung zusprechen. Ob diese Wirkung ausreicht, Asterix, Obelix und ihre Freunde zum Sieg gegen die Römer zu führen, sei dahingestellt.

Im Kampf der Geschlechter scheint sie jedenfalls zum Sieg zu verhelfen. So muss (oder darf?) sich jedes Paar küssen, das in der Weihnachtszeit gemeinsam unter einem Mistelzweig steht.

Kleine Kräuterkunde

Kräuter haben eine symbolische Kraft und eine materielle, wie Sie in jedem Buch über Heilpflanzen und ihre Wirkung nachlesen können. Für die Verwendung beim Erstellen von Glücksbringern und Talismanen sowie bei deren Reinigung und Programmierung kommt eine Mischung dieser beiden Wirkungsweisen zum Tragen. Im Folgenden finden Sie eine grobe Zuordnung von Kräutern und Gewürzen zu den wichtigsten Einsatzbereichen. Hilfreich waren dabei Heilkräuterbeschreibungen wie jene in Maria Trebens Buch „Heilkräuter aus dem Garten Gottes" sowie Rüdiger Dahlkes Zuordnungen auf der Basis von Signaturlehre und vorwiegendem Wirkungsspektrum.

Salbei und Thymian sind nicht nur wertvolle Heilkräuter, sondern auch machtvolle Amulette.

Schutz und Abwehr

Salbei oder Thymian, Beifuß, Lavendel und Rosmarin schreibt man ganz allgemein schützende Wirkungen zu. Wobei Salbei und Thymian im Zeichen des Elementes Erde stehen und dem Störenden, Entzündeten oder Unreinen die Basis entziehen. Wie gut diese Kräuter wirken, weiß jeder, der mit ihrer Hilfe schon einmal eine schwere Halsentzündung oder Bronchitis kurieren konnte. Indianische Kulturen setzen Salbei oder Thymian

Beifuß und
Rosmarin schützen
Sie vor allerlei
Übergriffen und
Unbill.

auch ein, um Menschen vor Übergangsriten – etwa beim Übergang vom Jungen zum Mann – von allem Störenden zu reinigen und ihnen eine feste Ausgangsbasis für die nächste Lebensphase zu verschaffen.

Der Beifuß steht im Zeichen des Mondes und seine reinigende Wirkung funktioniert im Sinne von Ausleiten. Rosmarin reinigt und transformiert als Vertreter der Sonne alles Störende. Und der Lavendel sorgt für die ausgleichende Harmonie, die notwendig ist, um reinigende und klärende Wirkungen für einige Zeit zu erhalten.

Binden Sie aus diesen Kräutern kleine Gewürzsträuße, die Sie an die Haustür hängen. In Abständen werden diese Talismane ausgetauscht, um ihre Wirksamkeit immer optimal zur Verfügung zu haben. Neue Räume – etwa nach einem Umzug oder wenn ein Zimmer neu eingerichtet wurde – räuchern Sie mit einer Räucherschale, in der Sie diese Gewürzmischung langsam verkohlen lassen. Dabei schreiten Sie die Räume ab und streichen mit einer Vogelfeder den Rauch in jeden Winkel des Zimmers – auch unter Betten und Schränke und an die Decke. Dabei denken oder sprechen Sie leise etwas in der Art wie: „Hilfskräfte der Natur, bitte unterstützt uns, hier in diesen Räumen ein gesundes, von allen Schadstoffen bewahrtes Leben zu führen."

Selbstverständlich können Sie noch viele andere Kräuter und Heilpflanzen für derartige Zwecke einsetzen. So gelten beispielsweise auch Pfeffer, Curry und Ingwer als gute Abwehrkämpfer. Sie können die Kraft dieser „feurigen Krieger" noch verstärken. Nägel (gemeint sind natürlich Gewürznelken) dienen ihnen als „Waffen", wodurch der kämpferische Aspekt dieser Abwehr- und Schutztalismane steigt. Muscheln oder Schneckenhäuser symbolisieren Ihre Rückzugsmöglichkeiten, was den Aspekt des sicheren Hortes hinzufügt.

Über weitere Bannkräfte verfügen aber beispielsweise auch der Baldrian, das mit dem Beifuß verwandte Wermutkraut und die Verbene.

Als Königin der Blumen gilt die Rose. Doch sie kann noch mehr als „nur" schön sein.

Liebe und Partnerschaft

Die rote Rose ist die klassische Blume der Liebe. – Doch nicht nur deshalb sollten Sie immer einen Vorrat getrockneter Rosenblätter im Haus haben. Sie eignen sich nämlich nicht nur als Bestandteile von Liebestalismanen, sondern auch als Reinigungs- und Aktivierungsbad, wenn das Element Feuer zu Hilfe geholt werden soll.

Weitere klassische Liebesblüten sind der Jasmin, das Vergissmeinnicht, die Mistel, die Myrte und das Veilchen. Wobei Myrte und Veilchen eher die unschuldige, jungmädchenhafte Liebe meinen, die Mistel die innerliche Verbindung und das Vergissmeinnicht die Treue. Kamelien, Lilien und Freesien verstärken die Harmonie, durch die die Liebe auf Dauer erst lebbar wird.

Bei den Gewürzen sollen Zimt, Nelken und Liebstöckel Liebesdinge beflügeln, bei Obst und Gemüse Tomaten, Äpfel, Sellerie und Spargel. Den beiden Letztgenannten sagt man übrigens eine aphrodisierende Wirkung aufgrund ihrer harntreibenden Eigenschaften nach. Ähnlich erfreulich sind auch die Eigenschaften des Ginsengs, dem man darüber hinaus auch lebensverlängernde Wirkungen zuschreibt.

Obst und Gemüse eignen sich durch ihre Verderblichkeit eher nicht für dauerhaft aufbewahrte Talismane; aber manchmal ist auch ein gutes Essen ein echter Glücksbringer. Liebe geht bekanntlich durch den Magen.

Getrocknete Blumen, Kräuter und Gewürze lassen sich dagegen ganz einfach in Liebestalismane einbauen: entweder zu Sträußen gebunden oder in Säckchen verpackt oder zu Püppchen verarbeitet.

Und der klassische Zwetschgenkrampus, der im süddeutschen Raum den Nikolaus am 6. Dezember begleitet, ist eigentlich ein traditioneller Liebestalisman. Denn die Zwetsche ist der Venus geweiht und in Gestalt eines menschlichen Körpers muss man zur Symbolik wohl nicht mehr viel sagen.

Denken Sie nur daran, Ihre Liebestalismane entsprechend zu aktivieren und entsprechend offen bei der Formulierung Ihrer Wünsche zu bleiben.

In einem Säckchen wie diesem lassen sich getrocknete Kräuter als Liebestalisman gut aufbewahren.

114

Erfolg und Wohlstand

Basilikum gilt als Glücks- und Erfolgsbringer sondergleichen. Um berufliche Anerkennung anzulocken, können Sie sich beispielsweise ein Töpfchen mit Basilikum auf Ihren Schreibtisch stellen und immer an den Blättern der Pflanze naschen, wenn Ihnen danach ist.

Doch auch hier gilt, was bereits an anderer Stelle von lebenden Talismanen gesagt wurde: Kümmern Sie sich gut um das Pflänzchen, damit es nicht vor sich hin kümmert. Sie wollen schließlich keinen verlausten und verkümmerten Repräsentanten für Ihren Erfolg. Da Basilikum nur ungern länger als zwei bis maximal drei Wochen in einem Topf steht, wie er in vielen Lebensmittelgeschäften verkauft wird, sollten Sie diese Pflanzen rasch verzehren. Integrieren Sie mehrere Blätter jeden Mittag in Ihr Mittagessen oder würzen Sie den Happen zwischendurch damit. Und wenn Ihr Glücksbringer verzehrt ist, dann kaufen Sie sich halt einen neuen.

Als weitere Glücksbringer für Erfolg und Wohlstand gelten Kalmuswurzel und Muskatnuss, die Sie gut in kleine, nach Möglichkeit samtblaue Säckchen einnähen können, um Ihren Talisman bei Bedarf bei sich haben zu können.

Und wenn Sie einmal so richtig auf den Putz hauen wollen und die berufliche Arena eindeutig als Sieger verlassen wollen, dann basteln Sie sich doch einfach einen Lorbeerkranz. Den bewahren Sie in IhremBüro auf, sodass sein Duft Sie bei der Arbeit begleitet. Jeden kleinen Erfolg feiern Sie, indem Sie den Kranz aufsetzen und sich für die berufliche Unterstützung bedanken. Denn wie sagt man so schön: Wo Tauben sitzen, fliegen Tauben zu. Oder anders ausgedrückt: Wo Sie beginnen, kleine Erfolge zu feiern, werden sich bald weitere und größere einstellen.

Wilder Wein verkörpert Ehrgeiz und Strebsamkeit. Getrocknet sind seine kleinen Beeren gute Bestandteile von Erfolgstalismanen.

Glück

Wenn Sie guter
Dinge sind, sind
Sie meist glücklich
und fühlen sich
gut. Und dann ist
das Glück bei
Ihnen. Kräuter, die
Ihre Stimmung
heben, sind
Glückspflanzen:
Johanniskraut und
Wacholder, aber
auch Hopfen,
Salbei oder
Wegwarte.

Für das Glück ist das Johanniskraut wie keine zweite Pflanze zuständig. Als Tee getrunken oder pharmazeutisch aufbereitet und als Kapsel geschluckt, vertreibt es Depressionen. Ähnliche Wirkungen haben aber auch Hopfen, Thymian und Wegwarte – und nicht zu vergessen den Jasminblütentee, der das beste Mittel gegen nervöse Erschöpfung ist, das die Natur erfunden hat.

Schließlich können Sie auch die gute alte Wacholderbeere in Ihre Glückstalismane einbinden. Wacholder schützt Sie nicht nur vor Stoffwechselerkrankungen wie der Gicht. Die Beere steht auch für Zuversicht, Nervenkraft und emotionale Unabhängigkeit. Braucht der Mensch sonst noch etwas für sein Glück?

Sie müssen diese Heilpflanzen aber nicht unbedingt zu sich nehmen. Wenn es Ihnen widerstrebt, ein Arzneimittel zu nehmen – und um nichts anderes handelt es sich bei Heilkräutern –, dann können Sie es auch erst einmal mit einem entsprechenden Talisman versuchen, in den Sie die Pflanze einbauen. Manche Johanniskrautarten entwickeln beispielsweise sehr hübsche Samenkapseln, die auch in Trockenblumengestecken sehr hübsch aussehen. Viele Blumenhandlungen setzen sie daher im Herbst für ihre Gestecke ein.

Die magische Welt der Farben

Mit den Farben ist das so eine Sache. Einerseits haben auch sie einen Symbolwert, der beim Herstellen, Reinigen und Programmieren von Glücksbringern berücksichtigt werden sollte. Andererseits sind gerade die Farben in ihrer Bedeutung extrem abhängig vom kulturellen Kontext. So ist in einigen Kulturen Schwarz die Farbe des Todes, in anderen ist es Weiß. Und schließlich werden diese kulturellen Zuordnungen noch von persönlichen Erfahrungen überlagert. Eine unserer Großmütter trug beispielsweise mit Vorliebe Schwarz, wodurch all ihre Enkel diese Farbe mit Geborgenheit, Fröhlichkeit und gutem Kuchen verbanden.

Jede Farbe ist bei jedem Menschen ein ganz klein wenig anders besetzt. Finden Sie heraus, was für Sie wann genau passt.

Nach dieser Einleitung ist wieder einmal klar, dass Sie sich bei der Herstellung von Glücksbringern nicht auf allgemein gültige „Rezeptzutaten" verlassen können, sondern selbst spüren müssen, was in Ihrem speziellen Fall am besten passt; auch was die verwendeten Farben angeht. Trotzdem gibt es so etwas wie einen universellen Symbolwert, den Sie im Folgenden hier finden. Dabei beschränken wir uns auf die Grundfarben Gelb, Rot und Blau, die Sonderfälle Schwarz, Weiß, Gold und Silber sowie die Mischfarben Orange, Grün, Braun und Violett. Als Farbgruppe werden schließlich auch noch die Pastelltöne vorgestellt.

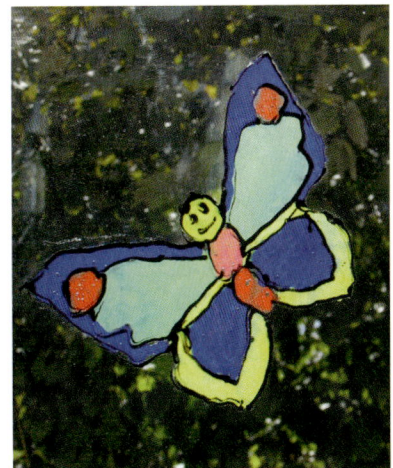

117

Die Grundfarbe Gelb

Gelb ist die Farbe der Sonne und des Merkurs, sie dient den Elementen Feuer und Luft. Gelb spendet angenehme Wärme und Licht, ohne das, worauf sie fällt, zu verbrennen oder zu verdorren. Mit ihr verbindet sich Hoffnung und Wohlbefinden. Ein kräftiges Gelb ist die Farbe des Göttlichen und der tiefen inneren Einsicht. Sie verbindet uns mit den universellen Kräften des Universums und versorgt uns mit Energie. Ein leichtes Zitronengelb fördert die Kommunikation und die geistige Beweglichkeit.

Als Schutztalisman kann man Gelb auch einsetzen, um sich vor Neid und Eifersucht anderer Menschen zu schützen oder deren Überdrehtheit abzuwehren.

Die Grundfarbe Rot

Die Farbe Rot hat viele Herren. Als leuchtendes Hellrot und Blutrot dient sie dem Kriegsgott Mars, als Korallenrot und Terrakotta der Venus, als Granatrot Pluto und als Kardinalsrot Jupiter. Bis auf das Wasser sind somit alle Elemente vertreten – wobei das Wasser mit seiner Mondherrschaft bei der Farbe Rosa – der Mischung aus Rot und Weiß – ins Spiel kommt.

Rot wirkt wie ein Ausrufezeichen, man kann es immer dann einsetzen, wenn man eine bestimmte Eigenschaft unterstreichen will.

Es ist die Farbe der sexuellen Liebe, der Erotik und der Ekstase, aber auch der Auseinandersetzung und des Kampfes. Rot gibt

Kraft und Energie, schützt einen aber auch davor, sich von anderen ausnutzen zu lassen.

Die Grundfarbe Blau

Blau ist eine Farbe, die das Flüchtige unterstützt. Als Himmelblau wird es Merkur und Venus zugeordnet, als Eisblau auch Uranus. Das dazu gehörende Element ist immer die Luft. Blau hat etwas mit unserer Kommunikation zu tun, mit Harmonie und Vertrauen, aber auch mit Träumen. Blau bringt Erholung für den Körper und Entspannung für die Seele – und ist eine gute Grundlage für Erfolg und Wohlstand. Diese Verbindung von Urlaub und Erfolg ist übrigens nur auf den ersten Blick erstaunlich. Denn nur der entspannte Mensch traut sich und anderen so weit, dass eine tragfähige Basis für Erfolge entsteht.

In Schutzamulette und Talismane integriert wehrt Blau vor allem jene Übergriffe ab, die passieren, wenn man das Leben anderer Menschen leben soll.

Ganz gleich, was Sie mit einem Talisman sonst noch verbinden, allein seine Farbe trägt bereits eine Aussage in sich und unterstützt Ihr Anliegen.

Der Spezialfall Weiß

Weiß ist die Farbe oder besser der Zustand, der entsteht, wenn alle Spektralfarben zusammentreffen. Weiß symbolisiert Vollständigkeit, Vollkommenheit und Reinheit. Weiß ist rein, unschuldig und übernatürlich. Es verbindet den Menschen mit dem Göttlichen, der Spiritualität und der übergeordneten Weisheit – oder besser Weißheit? – des Universums.

Weiß dient der Sonne und gehorcht dem Element Feuer, das ebenso kompromisslos reinigt. Wollen Sie Weiß in einen Talisman inte-

grieren, sollten Sie sich der Intensität dieses Zustands bewusst sein.

Als Schutzamulett bewahrt Sie Weiß davor, sich in Dinge verstricken zu lassen, die Sie nicht in Ordnung finden. Dieser innerliche Widerwille muss allerdings vorhanden sein. Ein weißes Amulett allein wird Sie nicht davor bewahren, schuldig zu werden.

Der Spezialfall Schwarz

Schwarz ist die vollkommene Lichtlosigkeit und daher ebenso wie Weiß eher ein Zustand als eine Farbe. In unserem Kulturkreis verbindet man Tod, Ende und Vergänglichkeit mit Schwarz. Kein Wunder, denn Dunkelheit macht Angst und gibt einem das Gefühl der Einsamkeit. Im symbolischen Sinn sorgt Schwarz als Diener des Saturns aber nicht nur für Krankheit, Unglück und Tod, sondern auch für Struktur und Stabilität. Vielleicht ist das auch der Grund, warum so viele schwache junge Menschen eine Zeit lang in strenges Schwarz gekleidet durchs Leben gehen.

Keine Angst vor Schwarz! Es gibt Halt und Sicherheit und stärkt den Glauben an Gerechtigkeit.

In einen Talisman integriert sorgt Schwarz für Halt; darüber hinaus ist es überall dort sinnvoll, wo man dem Saturnprinzip einen Raum geben möchte, ohne gleich selber krank zu werden oder von einem Unglück betroffen zu sein. In diesem Sinne ist Schwarz der stärkste Zustand für ein Schutzamulett.

Die Spezialfälle Silber und Gold

Im Grunde sind auch Silber und Gold keine Farben, sondern glänzende Färbungen, die durch metallische Verbindungen entstehen. So lassen sie sich durch die vier Grundfarben auf Papier nicht darstellen.

Doch so ähnlich ihre Grundstruktur ist, so unterschiedlich sind sie in ihren Eigenschaften. Gold ist der Schein der Sonne, es ist kräftig, strahlend und warm. Menschen, die Goldschmuck tragen, signalisieren Aufgeschlossenheit und Selbstbewusstsein.

Wer Gold in seine Talismane integriert, teilt dem Schicksal mit, dass er sich selbst für wertvoll hält. Und das ist eine wichtige Grundlage für den Erfolg. Denn wer sollte einen schätzen, wenn man es noch nicht einmal selbst vermag?

Silber ist der Schein des Mondes, der Gefühlswelten und des Kühlen, Regenerativen. Während das Leben im Sonnenlicht wächst und gedeiht, ruht es im Schein des Mondes, um mit Beginn des neuen Tages erholt aufzustehen. Silberschmuck steht für Zurückhaltung und Distanz. Wobei man nicht vergessen sollte, dass diese Eigenschaften im ewigen Zyklus von Geburt, Tod und Wiedergeburt ihren gleichberechtigten Part neben dem Leben und dem Licht haben.

Mit einem Silberamulett schaffen Sie sich ein wenig Raum für Ruhe und Erholung. Genießen Sie ihn. Das Dasein im Licht kann anstrengend genug sein.

Metalle haben keine eigentlichen Farben. Dennoch gibt es große Unterschiede in ihrer symbolischen Bedeutung.

Die Mischfarbe Orange

Orange ist eine Mischung aus Gelb und Rot und steht vor allem im Zeichen des Feuers. In dieser Farbe verbinden sich Lebenslust, und Lebenskraft mit Wissen und Verstand. Daher ist die Kraft dieser Mischfarbe weniger lodernd und verzehrend wie die des reinen Rots. Orange bringt Freude, Leuchtkraft, aktive Ansprache und die Freuden der Sexualität.

Orange ist die Farbe erster Wahl, wenn Sie Depressionen und Einsamkeit vertreiben wollen und auf ein anregendes, lustvolles Miteinander mit anderen Menschen hoffen.

Die Mischfarbe Violett

Violett, die Mischung aus Rot und Blau, ist die Farbe der Transformation. Im Violetten versinkt der Meditierende, um mit neuen Einstellungen und Perspektiven in die bewusste Welt zurückzukehren. Violett ist aber auch die Farbe der Zweideutigkeit, der Ambivalenz. Das darf nicht wundern, denn Übergänge lösen nun einmal zwiespältige Gefühle aus.

Violette Talismane unterstützen Sie, wenn Sie sich auf eine spezielle Aufgabe konzentrieren müssen. Sie unterstützen Sie aber auch, wenn es um schwierige Lebenssituationen geht, in denen Sie etwas ändern müssen, um zu bestehen. So kann ein violettes Amulett Sie beim Ein- und beim Ausstieg ins und aus dem Berufsleben begleiten, Ihnen helfen, sich mit der Rolle als Mutter zurechtzufinden, oder Ihr heranwachsendes Kind bei der Lösung vom Elternhaus unterstützen. Nicht zuletzt sind violette Talismane wie gemacht, um sich das Rauchen abzugewöhnen oder sich von anderen Lastern zu befreien.

Lila – der letzte Versuch? Nun, es kann Sie bei vielen Veränderungen unterstützen und ist daher sicher einen Versuch wert.

Die Mischfarbe Grün

Grün ist die Hoffnung und es ist entspannte Mitte zwischen Gelb und Blau. Mit Grün lassen sich Harmonie, Gerechtigkeit und Ausgleich verbinden. Zudem steht es für Fruchtbarkeit, denn das Sprießen des ersten Grüns leitet in der Natur den neuen Wachstumszyklus ein. Es kann aber

auch giftig werden und für Neid und Grausamkeit stehen. Das saftige Grün und das Lindgrün werden von Venus regiert, das Blaugrün von Merkur und das Giftgrün von Pluto. Im Wesentlichen gibt es für jedes Element eine Grünvariante, weshalb sich die Farbe auch allgemein gut einsetzen lässt. Helle Grün-Blau- und Grün-Grau-Töne fördern den Ideenreichtum, satte Grünschattierungen das Wachstum, auch das immaterielle Wachstum, etwa von Ideen oder Beziehungen. Daher ist Grün auch eine gute Farbe für Liebestalismane.

So ein sattes Grün beruhigt und gibt Sicherheit. Achten Sie darauf, wie Sie selbst ein bestimmtes Grün empfinden.

Die Mischfarbe Braun

Braun ist eine Mischung aus Gelb, Rot und Blau. Es ist wie die Erde, aus der alles kommt und zu der alles geht. Braun ist das Holz der Bäume, das uns Bodenständigkeit verleiht und uns als Werkstoff und Brennmaterial dient. Regiert wird die Farbe Braun von der Venus, was sie zur Grundlage von Genuss, Sinnlichkeit und Schönheit macht. Braun in Glücksbringern symbolisiert Vertrautheit, Geborgenheit und Sicherheit. Es steht für Qualitäten, nach denen wir uns unbewusst sehnen, die wir bewusst jedoch oft übersehen. In einem Liebestalisman, der nicht nur die sexuelle Ekstase fördern soll, ist etwas Braunes jedenfalls unverzichtbar.

Braun steht für Qualitäten, die wir immer wieder übersehen, weil sie uns selbstverständlich erscheinen.

Die Pastelltöne

Alle Grundfarben sowie Grün lassen sich zu Pastelltönen variieren. Mit der Zugabe von Weiß – das heißt von Licht – wird aus Rot Rosa, aus Blau Hellblau, aus Gelb Hellgelb und aus Grün Hellgrün. Sie symbolisieren die Zwischentöne im Leben, die kleinen Zeichen und Nuancen, die so entscheidenden Einfluss auf das Leben haben können.

Die meisten Pastelltöne werden vom Mond regiert, ihr Element ist das Wasser, das Reich der Gefühle. Rosa ist die Farbe der ersten, zart erblühenden Liebe, Hellgelb die der ersten vorsichtigen Kontaktaufnahme. Mit Hellgrün sprießt das erste Leben, Hellblau sucht den vorsichtigen Ausgleich.

In unserer Zeit, in der alles maximal passieren muss, sind Pastellfarben eine Erinnerung, auch auf die kleinen Dinge zu achten, die den Frieden und die Liebe mit sich bringen.

Diese pastellfarbenen Halbedelsteintrauben sollen den Zusammenhalt in der Familie fördern und gemeinsame Ziele erreichbar machen.

Die magische Welt der Zahlen

Auch Zahlen haben einen Symbolwert, der sie zu potenziellen Talismanen macht. Der Psychologe C. G. Jung sah in den neun Zahlen Archetypen, was erklären könnte, warum einzelne Ziffern in unterschiedlichen Kulturkreisen mit ähnlichen Bedeutungen hinterlegt wurden. Vielleicht ist es aber auch einfach nur die Optik und die Stellung in der Reihe, die den Menschen fast überall auf der Welt ähnliche Interpretationen nahe legen. Jedenfalls ist die Numerologie, die Lehre von der inhaltlichen Qualität der Zahlen, ein ebenso altes analoges Wissen wie das der Astrologie.

Bevor nun die Bedeutung der Zahlen von 1 bis 9 folgt, noch einige grundsätzliche Worte: Die Numerologie spielt in Bezug auf Glücksbringer eine doppelte Rolle. Einerseits können Sie über die Zahl der Elemente eines Talismans seine Aussagekraft mitbestimmen. Es ist eben nicht egal, ob Sie 3 oder 7 Reiskörner in einen Beutel geben oder mit Hilfe von 2, 4 oder 5 Kerzen ein Ritual durchführen.

Andererseits sind Zahlen an sich höchst einfach zu organisierende Talismane. In jedem Geschäft, in dem Hausnummern und Schlüsselanhänger verkauft werden, bekommen Sie die gesamte Palette in unterschiedlichsten

Auch Zahlen haben eine symbolische Bedeutung, und es ist daher nicht egal, ob Sie für ein Amulett zum Beispiel vier oder fünf Nüsse verwenden.

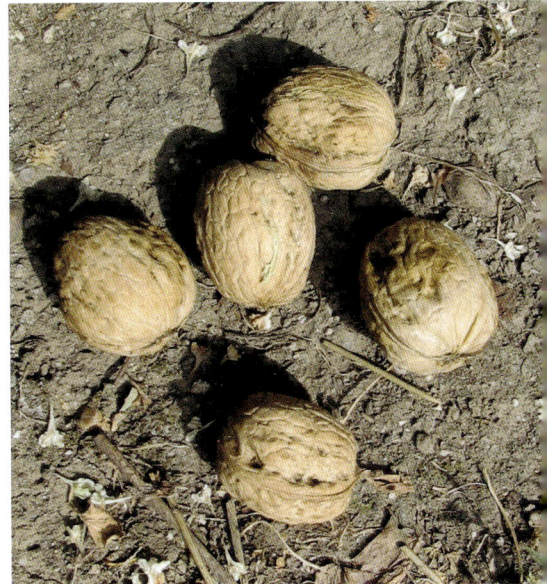

Größen, Formen und Materialien. Sie können Zahlentalismane aber auch sehr leicht selbst herstellen, etwa, indem Sie die Zahl aus einer Plexiglasscheibe oder einem Stück Sperrholz aussägen. Oder Sie gehen in ein Juweliergeschäft und lassen sich eine schön verzierte Zahl in ein Amulett gravieren.

Wir verschenken diese Art der Glücksbringer gerne. „Du bist meine Nummer 1", „Wir beide" oder „Du und ich und das gemeinsame Dritte" sind doch wirklich sehr aussagekräftige Geschenke, die dem Beschenkten eine klare Botschaft vermitteln. Bei eigenen Anliegen funktionieren Zahlen in Talismanen aber natürlich ebenso gut.

Reinigen und aktivieren können Sie Zahlentalismane und -amulette mit Unterstützung jedes der vier Elemente oder mit einer Kombination aus mehreren. Eine genaue Zuordnung der neun ersten Zahlen zu den vier Elementen ist schwierig und kann aus sehr unterschiedlichen Perspektiven betrachtet werden.

Dieser Holzdelfin ist von der Form, aber auch vom Material her eine klare Eins.

Wir haben mit einer Verbindung von 1, 3 und 9 mit dem Element Feuer, 5 und 7 mit dem der Luft, 2 und 8 mit dem des Wassers sowie 4 und 6 mit jenem der Erde gute Erfahrungen gemacht. Als Materialien eignen sich für 1, 3 und 9 vor allem Holz, Gold und Eisen, für 5 und 7 Plexiglas und Wachs, für 2 und 8 Keramik und Leder sowie für 4 und 6 Ton und Kupfer. Als Farben bieten sich ein leuchtendes Rot, Gelb und Blau für 1, 3 und 9 an. Pastelltöne sind für 5 und 7 Farben erster Wahl, gedeckte Töne für 2 und 8, erdige Töne, Anthrazitfarben und Schwarz für 4 und 6.

Darüber hinaus vertragen die Zahlen 7, 8 und 9 auch sehr gut die Farbe der Entwicklung, Violett. Denn in den Konzepten dieser Zahlen streben Erkenntnis und

Entwicklung einem Etappenziel entgegen. – Aber wie gesagt, es sind auch andere Zuordnungen möglich. Probieren Sie es einfach aus. Fühlt sich das Ergebnis für Sie gut an, kann es nicht falsch sein.

Im Folgenden finden Sie eine kurze Übersicht über die Bedeutung der Zahlen von 1 bis 9 im Rahmen von Ritualen, als Bestandteile von Talismanen aus verschiedenen Elementen sowie als Talisman an sich.

Die 1

Die Eins ist das Eine, das Erste und der Anfang. Im Konzept der 1 finden sich Wille, Durchsetzungsvermögen und Kraft. Der 1 steht keine Unsicherheit im Weg. Sie weiß, was sie will und wie sie es bekommt. Die 1 ist einmalig, sie lässt nichts anderes neben sich gelten und steht für Einmaligkeit, Ausschließlichkeit und Treue.

Die 1 ist als gestaltendes Element überall dort am Platz, wo es darum geht, seinen festen Willen und all seine Kraft zu mobilisieren. Nehmen Sie eine Kerze, wenn Sie etwas aktivieren wollen, was Ihnen alle verfügbare Kraft mobilisieren soll. Nehmen Sie einen Samen, ein Korn oder eine Frucht, wenn Sie für eine einmalige Idee Energie für die Umsetzung benötigen. Und zwar Energie im Sinne von körperlicher Kraft und Durchhaltevermögen. Für Überzeugungskraft oder visionäre Dynamik ist die 1 nicht zuständig.

Benutzen Sie die 1 als Talisman, wenn es darum geht, etwas mit viel Schwung erfolgreich zu beginnen. Wählen Sie die 1, um aus sich selbst heraus zu wirken, sich unaufhaltsam zu etwas durchzukämpfen, die Einmaligkeit einer Beziehung auszudrücken oder einen Schwur zu besiegeln. „Für den oder das Eine, Einzige und Einzigartige" ist die Aussage, mit der Sie diesen Talisman aktivieren könnten.

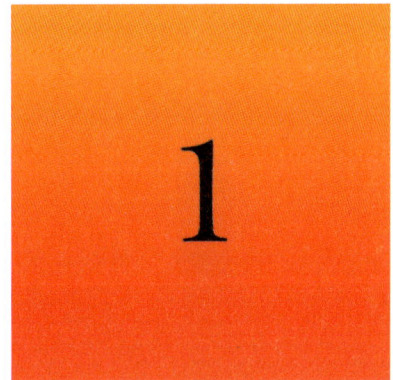

Die Eins hat etwas von Egotrip und „Hoppla, hier komme ich!" – prüfen Sie genau, ob Sie diese Energie wirklich wollen, ehe Sie sie einsetzen.

Überlegen Sie allerdings vorher genau, ob die 1 die angemessene Qualität ist, die Sie an dieser Stelle tatsächlich wollen. Das Eine lässt einen häufig die Alternativen übersehen, daher sollte man vorsichtig sein, sich so stark und ausschließlich auf etwas festzulegen.

Und ob Treue die einzige oder auch nur die wichtigste Kategorie einer Beziehung ist, sei ebenfalls dahingestellt. Harmonie oder die Rücksichtnahme auf das Wohl aller Familienmitglieder ist nicht die Sache der 1.

Die 2

Die Zwei ist das Andere, das klassische Gegenüber, die zweite Hälfte des Ganzen. Im Konzept der 2 findet sich die Dualität des Lebens, die sich in Geburt und Tod, Gut und Böse, Licht und Schatten verkörpert. Die 2 ist Beziehung, Partnerschaft und Verbindung. Sie empfängt, nährt, fördert und heilt. Und sie verfügt über eine gute Verbindung zur inneren Stimme, der Intuition.

Die 2 ist als gestaltendes Element überall dort gefragt, wo es um Einfühlungsvermögen, Verständnis und Beziehung geht. Sie unterstützt Sie dabei, Ihr Bauchgefühl zu verstehen und darauf zu vertrauen. Sie zeigt alternative Wege auf, die man lange übersehen hatte, und ist in der Lage, Gegensätze zu integrieren. In diesem Sinne steht die 2 für eine Harmonie, die den Zwiespalt der Dinge erkennt, akzeptiert und überwindet. Sie schließt das Andere, das Gegenüber ein, ohne es zu vereinnahmen.

Nehmen Sie beispielsweise 2 Kerzen, wenn Sie einen Talisman aktivieren, der Ihnen helfen soll, jemanden oder etwas besser zu verstehen – Ihre heranwachsenden Kinder beispielsweise. Fehl am Platze ist die 2 bei Konflikten, die nur noch in offenen Konfrontationen ausgetragen werden können. In solchen Fällen hilft die kriegerische Kraft der 1

Die Zwei ist Partnerschaft, Beziehung und Vereinigung, aber auch das mahnende Gewissen, das innere Gegenüber.

oder die verbale Überzeugungsstärke der 5 viel mehr. Die 2 macht Sie nicht zum Kämpfer, sondern eher zum mahnenden Gewissen.

Die 3

Die Drei ist eine klassische Glückszahl, die für Erfolg, Verbindung und Vollendung steht. Sie vereint das aktive, gestaltende männliche Prinzip und das empfangende, nährende weibliche. Durch ihr Verschmelzen entsteht etwas Neues, Anderes, das der Vollendung deutlich näher steht als die beiden Ausgangspunkte. In der christlichen Welt steht die 3 zudem für die Göttlichkeit, für Vater, Sohn und den Heiligen Geist.

Die 3 symbolisiert die kleinstmögliche Gruppe, wobei sie nicht wie ein Schmelzofen wirkt, sondern eher wie die Knoten eines Netzes, welche die Fäden zu ihrer tragenden Funktion verbinden.

Als gestaltendes Prinzip kommt die 3 überall dort zum Einsatz, wo es um Leistungsbereitschaft, Eigeninitiative und Zuversicht geht. Wo ganz besondere Erfolge angepeilt oder ausgesprochen ambitionierte Ziele angestrebt werden. Denn die 3 stellt nicht nur die notwendige Kraft zur Verfügung, sondern aktiviert auch die notwendige geistige Beweglichkeit, aus der die Begeisterung folgt. Daher stellt sie anders als die 1 nicht nur die Kraft zur Verfügung, Ungewöhnliches zu leisten, sondern auch die innere Motivation.

Nehmen Sie 3 Kerzen, um Glückstalismane zu reinigen und zu aktivieren. Denn sobald es um Glück oder (materiellen) Erfolg geht, ist die 3 in ihrem Element. 3 Samenkörner lassen die Finanzen erblühen, 3 Hölzer unterstützen die Stabilität der Karriereleiter, auf der Sie auf dem Weg nach oben sind.

Die Drei ist die kleinstmögliche Gruppe, auch die Familie, und sie verleiht Vorhaben die bewegende Kraft der Begeisterung.

Talismane mit Bezug zur 3 helfen Ihnen aber beispielsweise auch, sich nach der Geburt des ersten Kindes in die neue Situation als Familie einzufinden. Oder Sie greifen zur 3, wenn Sie das Gefühl haben, Ihnen steht die eigene Bescheidenheit im Weg. Manchmal erfordert es nämlich ziemlich viel Mut, sich selber Glück und Erfolg zu gönnen.

Nicht gut geeignet ist die 3 bei all jenen Angelegenheiten, die Geduld erfordern. Warten mag sie nämlich nicht. „Das Ganze ist mehr als die Summe seiner Teile" ist der passende Aktivierungsspruch für die 3.

Die 4

Die Vier schafft Ordnung, gibt den Dingen eine Form. Struktur, Gesetze und Regeln sind jene Leitplanken, mit denen die 4 für Orientierung sorgt. Man kann sie wie eine Landkarte betrachten, die einem hilft, sich zurechtzufinden. Das schafft Sicherheit und hilft dabei, am Ende des Tages wirklich dort anzukommen, wo man hinwollte. Im christlichen Weltbild symbolisiert die 4 die Welt, auf die Gott seinen Sohn schickte, um sie zu retten.

Die Vier steht für Ordnung und Gesetz, Recht und Grenzen. Sie ist daher Stütze und Beschränkung zugleich.

Die 4 ist als gestaltendes Element überall dort am Platz, wo Unstrukturiertes geordnet werden muss und wo Dinge, Menschen oder Gefühle einen festen Halt benötigen. Mit den Prinzipien der 4 vermeiden Sie, ins Chaos abzugleiten.

Die 4 enthält aber auch eine überraschende Besonderheit: Als Regelgeber integriert sie auch gleich ihren konzeptionellen Gegenpart – die Ausnahme von der Regel. Und da ist es insbesondere die unglückliche, unangenehme Ausnahme, sozusagen der berühmt-berüchtigte Freitag der 13. Der besteht aus einer 1 und einer 3, die in der Quersumme eine 4 ergeben.

Greifen Sie also zu vier Kerzen, wenn Sie einen Schutztalisman aktivieren wollen. Nehmen Sie 4 Geldmünzen, wenn Sie sich vor unüberlegten Ausgaben schützen wollen oder 4 Haselnussruten, wenn Sie einen Schutzkreis um Ihr Haus abstecken wollen. Zudem begegnet uns die 4 etwa auch beim 4-Elemente-Talisman, der Ihr Heim schützen soll.

Zudem ist die 4 als Amulett geeignet, wenn Sie als Erzieher einem Heranwachsenden Grenzen zu seinem eigenen Schutz setzen müssen. Sie unterstützt Sie aber auch dabei, wenn Sie im Berufsleben ein bislang führungslos vor sich hin arbeitendes Team neu organisieren sollen.

Ganz generell ist die 4 überall dort am Platz, wo es darum geht, Ordnung herzustellen.

Vielleicht werden Sie hin und wieder den Impuls haben, dieses Amulett mit einer 1 zu tauschen, damit Ihnen die Kraft nicht ausgeht. Stattdessen können Sie die 4 aber auch mit einer Kerze reinigen. „Diene mir als Landkarte zur Orientierung" ist ein möglicher Aktivierungsspruch für die 4.

So einfach kann ein 4-Elemente-Talisman aussehen: der Kristall für die Erde, die Kette fürs Feuer, die Eibe fürs Wasser und der Hanf für die Luft.

Die 5

Die Fünf ist die magische Mitte, der Ausgleich und der Austausch. Sie steht in der Mitte der Zahlenreihe als Brückenbauer und ermöglicht Kontakt und Austausch. Die 5 schärft unsere Sinne und lässt uns die Dinge erleben, erforschen und erlernen. Sie gibt uns die notwendigen Werkzeuge, um alles, was uns umgibt, zu erfassen und zu begreifen.

Die 5 ist als gestaltendes Element überall dort am Platz, wo es darum geht, sich geistiges Neuland zu erschließen. Sie lässt einen lernen und verstehen, eine wertvolle Voraussetzung für neue Beziehungen. Nehmen Sie fünf verschiedene Kräuter für eine Räucherung, wenn Sie

Die Fünf steht für geistige Regsamkeit und unterstützt Lernwillen.

Ihre fünf Sinne schärfen wollen. 5 Körner lässt in Ihnen Wissen reifen, und zwar nicht nur Schulwissen oder das Wissen um die weltlichen Dinge, sondern auch spirituelles Wissen.

Mit einer 5 als Talisman wird es Ihnen leichter fallen, neue Kontakte zu knüpfen oder andere von Ihrer Sicht der Dinge zu überzeugen. Mit der Qualität der 5 verfügen Sie über mehr Informationen als Ihre Umgebung, weil Ihnen einfach mehr auffällt. Und Sie haben alle notwendigen Werkzeuge, um dieses Mehrwissen in Ihrem Sinne einzusetzen. Insofern macht Sie ein 5er-Amulett zu einem Magier, einer Hexe.

Fehl am Platz ist die 5 in allen Situationen, denen es an Verbindlichkeit fehlt. Dort muss zunächst einmal die 3 ihre verknüpfende Wirkung entfalten. Davon abgesehen ist die Qualität des Brückenbauers eigentlich nie verkehrt eingesetzt. Ein passender Aktivierungsspruch lautet: „In alle Richtungen baue ich Brücken."

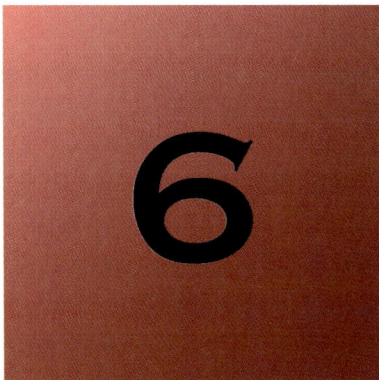

Die 6

Die Sechs ist die personifizierte Weiblichkeit, Schönheit und Harmonie. Die 6 steht für Glück und für Frieden, wobei ihre Ausprägung des Glücks sanfter ist als bei der 3. Für die 6 steht nicht das Glück, das aus eigenem Besitz und eigenen Möglichkeiten entsteht, im Vordergrund. Sie genießt das emotionale Glück einer gelungenen Partnerschaft, einer harmonischen Familie. In diesem Sinne begegnen wir in ihr auch einer Sexualität, die sinnlich und hingegeben ist und nicht fordernd und besitzergreifend.

Die 6 ist als gestaltendes Element überall dort am Platz, wo es um Harmonie und die Kraft der Liebe geht. Einer Liebe, die nicht fordert, sondern sich verschenkt. Die 6 un-

Die Sechs steht für hingegebene Liebe, Harmonie und das Genießen des Lebens.

terstützt die Sinnlichkeit des Körpers und versöhnt den Menschen mit sich selbst.

Nehmen Sie sechs Kristalle, um einen Liebestalisman zu aktivieren. Bauen Sie sechs Pfefferkörner in einen solchen Glücksbringer ein, um Ihrer Liebe den richtigen Pfeffer zu geben. Nehmen Sie 6 Muscheln, um die Harmonie in Ihrem Haushalt zu unterstützen. Oder nehmen Sie sechs Dinge mit in den Urlaub, die Ihnen dabei helfen sollen, sich zu entspannen und zu erholen.

Als Amulett ist die 6 vor allem für Frauen gut geeignet, sich mit den scheinbaren Fehlern des eigenen Körpers auszusöhnen. Die 6 bringt Harmonie und den Mut, sich selber Genuss und Sinnesfreuden zu gestatten. Damit öffnet sie auch den Weg zu einer befriedigenden Liebe und Partnerschaft. Mit der Qualität der 6 schaffen Sie es aber auch leichter, Ruhe und Frieden in Ihrem Leben einen Platz einzuräumen.

Sie sehen, das Glück der 6 ist vor allem ein emotionales Glück. Für materielles Glück und beruflichen Erfolg sollten Sie dagegen eher auf die 3 setzen. Aktiviert wird ein 6er-Amulett beispielsweise mit dem Spruch: „Ich gebe der Sinnlichkeit ihren Raum."

Dass der Fuß dieses Pokals sechsseitig ist, symbolisiert in diesem Fall die Freude über den Erfolg.

Die 7

Die Sieben ist die Zahl der Märchen und Mythen. Wobei es weniger eine Rolle spielt, ob tatsächlich 7 Zwerge am Werk waren, 7 Geißlein auf die Mutter warteten oder die Phasen von Dürre und Überfluss im biblischen Ägypten 7 Jahre dauerten. Gemeint sind zunächst einmal: viele.

Die 7 ist der Repräsentant einer Idee, eines Prinzips und somit Symbolkraft pur. In ihren Qualitäten verbindet sich die Fähigkeit, analytisch zu denken, mit der Kraft der freien

7

Die Sieben steht einerseits für viele, andererseits aber auch für das Erkennen der eigentlichen Aufgabe.

Meditation. Grundsätzlich ist die 7 überall dort gut am Platz, wo es darum geht, die Grenzen von Zeit und Raum hinter sich zu lassen oder die Gesetze der materiellen Welt zu sprengen. Mit ihrer Hilfe fällt es Ihnen leichter, den verborgenen Sinn hinter den Dingen, der sich den Gesetzen unserer Logik entzieht, zu erkennen.

Wenn Sie sich einen Talisman wünschen, der Sie aus einer Sackgasse in Ihrem Leben herausführen oder Sie durch die Phase einer schweren Prüfung hindurch begleiten soll, dann ist die 7 angebracht. Bauen Sie diese Zahl in Ihr Aktivierungsritual ein, etwa, indem Sie 7 kleine Vogelfedern auf den Tisch legen. Reinigen und aktivieren können Sie die 7 mit dem Satz: „Ich stehe für viele und vieles."

Als Amulett ist die 7 angebracht, wenn Sie zunehmend das Gefühl haben, in Ihrer Familie oder an Ihrem Arbeitsplatz „im falschen Film" zu sein. Die 7 wird Sie dabei unterstützen, die Gründe für dieses Gefühl zu erkennen, zu verstehen und daraus zu lernen. Bei der 7 ist immer der Verstand mit im Spiel, auch wenn es sehr stark um Emotionen geht.

Wollen Sie nur ein Gespür für die Gefühle Ihrer Mitmenschen und die unterschwelligen Ströme entwickeln, dann greifen Sie besser zur 2. Die 7 belastet Sie in solchen Situationen nur unnötig mit der Frage nach dem „Warum?".

Die 8

Die Acht ist die Zahl vor der Vollendung. Sie ist das aufgestellte Zeichen für die Unendlichkeit, die sich unserem Einfluss und unseren Gestaltungsregeln entzieht. Die 8 ist unterbewusst, verwandlungsfähig und zeitlos.

Sie symbolisiert das Schicksal, das wir zwar gestalten, aber nicht von Grund auf ändern können. Deshalb nehmen wir uns ja auch in Acht, sind achtsam und beobachten. Stellen Sie sich eine Waagschale vor, deren Schalen aus unerklärlichen Gründen immer wieder hin und her kippen. So ist die 8. Eine Kleinigkeit reicht und aus einer schweren Belastung wird eine konstruktive Herausforderung. Oder ein Riesenspaß kippt ebenso unerklärlich plötzlich ohne ersichtlichen Grund in eine tiefe, dunkle Einsamkeit.

Sie merken, wo die 8 am Platz ist? Sie schärft die Achtsamkeit, den Umgang mit den Kleinigkeiten, die Großes verändern können. Sie hilft Ihnen in Augenblicken höchsten Glücks ebenso wie in Augenblicken größter Belastung. Im ersten Fall unterstützt Sie die 8 dabei, das Glück festhalten und in verträglichen Portionen genießen zu können. Im zweiten Fall ziehen Sie mit der 8 jene kleinen Verschiebungen in der Wahrnehmung an, die aus einer ausweglosen Situation einen gangbaren Weg machen.

Die 8 lädt zum Tanz mit den Kräften des Universums, wobei zu Beginn nicht sicher ist, in welche Richtung dieser Tanz führt und wo und wie er zu Ende geht. Insofern fordert die 8 den Mut, der aus Vertrauen entsteht.

Setzen Sie die 8 in allen Ritualen und Reinigungszeremonien ein, in denen Sie diesen Mut des Vertrauens erbitten. Zudem ist die 8 die Zahl der Extremsituationen. Nehmen Sie acht Glasperlen, acht Silbermünzen, acht Kieferzapfen oder Holunderbeeren. Aktiviert wird die 8 am günstigsten unter fließendem Wasser oder im Mondlicht. Oder Sie benutzen den Spruch: „Ich stehe außerhalb von Zeit und Raum".

Die 8 als Talisman oder Amulett bietet sich in allen Situationen an, in denen man sehr achtsam sein sollte oder sich stark verunsichert fühlt. Sie hilft, Situationen, die man ohnehin nicht ändern kann, gelassener auf sich zukommen zu lassen. Daher ist sie beispielsweise in Talismanen im

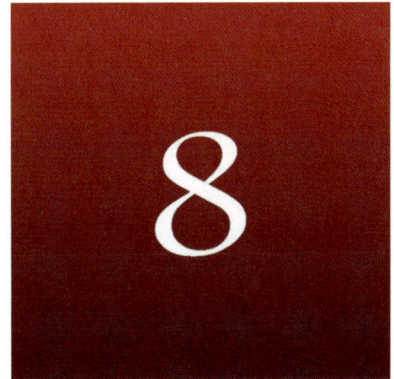

Die Acht als Hüterin der Schwelle symbolisiert die Wechselfälle des Schicksals.

Die Acht kann Sie auch Vertrauen in das Leben an sich lehren.

Auto an einer sinnvollen Stelle. Ein guter Begleiter ist sie aber auch am Arbeitsplatz, wenn die Firma gerade wieder einmal reorganisiert wird und man Angst um seinen Arbeitsplatz hat.

Die 9

9

Die Neun ist die Zahl der Vollendung, des Endes und des darin enthaltenden Neuanfangs. Sie steht für die denkbar radikalste Veränderung, für eine Veränderung, die auch zum Abschied zwingt und Angst vor Neuem macht. Aber der Neuanfang, der durch die 9 möglich wird, ist immer ein Anfang auf höherem Niveau und deshalb etwas Wunderbares, Mut und Hoffnung Spendendes.

Ende und Neubeginn – die Botschaft der Neun lautet: „Die Erde dreht sich täglich neu."

Die 9 ist überall dort gut eingesetzt, wo es um ein Ende geht. Sie erleichtert den Abschied und gibt Kraft für einen Neuanfang. Die 9 unterstützt das Erleben, lässt die Dinge und Ereignisse intensiver wirken und stärkt auf diese Weise die Lebensfreude. Dabei behält sie sowohl das eigene Innenleben wie auch die Veränderungen der Außenwelt gut im Blick und achtet auf die Auswirkungen ihrer Handlungen auf die Umgebung.

Neun Tage Sonnenschein, neun Sonnenblumen oder Rosen unterstützen Reinigungs- und Aktivierungsrituale. Zudem können Sie die 9 mit dem Spruch „Die Erde dreht sich täglich neu" aktivieren.

Die 9 als Amulett ist ein guter Begleiter für heikle Missionen. Nehmen Sie beispielsweise den Fall, dass Sie in heißer Liebe zu einem Menschen entbrannt sind, der Sie bislang noch nicht bemerkt hat. Ein Liebesamulett mit den Aspekten der 9 unterstützt die Möglichkeit, dass diese Liebe tatsächlich beginnt. Es schützt Sie aber gleichzeitig auch davor, übergriffig zu werden und einen Menschen an sich zu binden, der vielleicht noch woanders gebunden ist oder der für Sie aus anderen Gründen eigentlich doch nicht in Frage kommt.

Im Übrigen ist die 9 mit Bindungsmagie und Knotenamuletten absolut unverträglich. Ihr Verhältnis zueinander ist wie Feuer und Eis – sie zerstören sich gegenseitig.

Die 9 als Amulett ist aber auch dort gut am Platz, wo es heißt loszulassen; sei es, weil ein Kind flügge geworden ist und den elterlichen Haushalt verlässt, sei es, dass ein Partner nicht mehr bereit ist, das Leben mit dem anderen zu teilen. Die 9 unterstützt den Abschied und öffnet gleichzeitig die Perspektiven für einen Neuanfang.

Die Gelassenheit der Neun findet sich nicht nur in den bauchigen Formen dieser Teekanne wieder, auch das vertrauensvolle Abwarten und Teetrinken gibt das teilweise wieder, was die Neun symbolisiert.

Der Schutz der Tierkreiszeichen

Fast jeder Mensch kann angeben, in welchem Tierkreiszeichen die Sonne stand, als er geboren wurde.

Die zwölf Tierkreiszeichen gehören in unseren Breiten zu den am weitesten verbreiteten Amuletten überhaupt. Trägt ein Neugeborenes kein Kettchen mit einem goldenen Kreuz um den Hals, so ist die Wahrscheinlichkeit ziemlich groß, dass ein spendierfreudiger Pate oder eine gutmeinende Tante mit einem kleinen Anhänger kommt, auf dem das Tierkreiszeichen des Geburtstages zu sehen ist. Damit soll – bewusst oder unbewusst – das Kind in den Schutz seines Sternzeichens gestellt werden. Es soll von den positiven Eigenschaften, die dem Vertreter des Tierkreises zugesprochen werden, profitieren und sich unbeschadet von den negativen entwickeln. Es ist so etwas wie ein Signal an die Außenwelt: Achtung, hier kommt eine durchsetzungskräftige Löwin, ein genussfreudiger kleiner Stier oder eine harmoniebedürftige Waage.

Später tragen viele Verliebten auch das Tierkreiszeichen des Liebsten oder der Liebsten um den Hals, manchmal sogar zusätzlich zum eigenen.

Man kann die Glück bringende Wirkung derartiger Amulette aber auch anders einsetzen. Versuchen Sie doch einmal, sich für bestimmte Lebenssituationen der Qualitäten der jeweils passenden Vertreter des Tierkreises zu versichern. Im Folgenden finden Sie einen kurzen Überblick, welche Tierzeichen für bestimmte Herausforderungen am besten geeignet sind.

Tragen Sie doch einmal diejenigen Tierkreiszeichen, deren Energie Sie gerade benötigen!

Der Widder

Wenn Sie alle Ihnen zur Verfügung stehenden Kräfte mobilisieren wollen, etwa, weil eine Kraft raubende Aufgabe zu bewältigen oder ein ambitioniertes Ziel zu erreichen ist, können Sie sich den Widder als Kraft spendenden Talisman um den Hals hängen.

Mit seiner Qualität werden Sie feststellen, dass Ihnen ungeahnte Kräfte zur Verfügung stehen und Sie mit viel Durchsetzungskraft schnelle Resultate erzielen können. Sie können ihn auch in Konfliktsituationen zur Unterstützung heranziehen. Allerdings nur, wenn es um Sieg oder Niederlage geht. Ein Schlichter, der mit gelungener Kommunikation dazu beiträgt, den Streit aus der Welt zu schaffen, ist der Widder nicht. Wenn Sie das wollen, greifen Sie besser zu Zwilling oder Waage. Behalten Sie beim Einsatz eines Widder-Amulettes überhaupt im Auge, dass Sie nicht die Grenze zur Rücksichtslosigkeit überschreiten.

Ihr Widder-Amulett aktivieren Sie am besten mit einem Feuerritual. Vergessen Sie dabei nicht, sich die bevorstehende Aufgabe und – vor allem – das von Ihnen angepeilte Ziel genau zu beschreiben.

Der Widder verleiht feurige Durchsetzungskraft.

Der Stier ist genussfreudig und beharrlich – bis hin zur Sturheit.

Der Stier

Genießen will gelernt sein. Doch manchmal hilft ein kleiner Anstoß von außen, um Gemütlichkeit, Sinnlichkeit und Schönheit spüren zu können.

Sollten Sie das Gefühl haben, zu stark unter „Strom" zu stehen, um sich an den angenehmen Seiten des Lebens zu freuen, ist ein Stier-Amulett genau das Richtige für Sie. Egal, ob es um Entspannung in Liebesangelegenheiten, um

Vertrauen in das Positive im Leben oder um den Erholungswert im Urlaub geht, der Stier fördert den Genießer in Ihnen zu Tage. In der Regel sind Menschen, die sich die Unterstützung durch Stierqualitäten wünschen, ohnehin nicht in Gefahr, in Trägheit zu versinken. Achten Sie trotzdem darauf, dass Sie nicht zu bequem werden.

Unterstützen lässt sich die Wirkung des Stier-Amuletts übrigens mit Johanniskraut. Aktiviert wird es mit einem Erderitual. Auch dabei gilt: Stellen Sie sich bei der Programmierung die schönen Seiten des Lebens, die Sie genießen wollen, ganz detailliert vor. Und legen Sie dieses Glücksamulett ganz bewusst ab, wenn Sie Dinge in Angriff nehmen, die mit Kommunikation oder großen geistigen Anstrengungen zu tun haben.

Die Zwillinge

Sie bereiten sich auf eine Prüfung vor? Müssen sich in relativ kurzer Zeit Wissen aneignen, weil Sie eine neue Stelle angetreten haben? Oder wollen Sie ganz allgemein geistiges Neuland betreten? Dann holen Sie sich doch ein Zwillinge-Amulett als Begleiter an Ihre Seite.

Was auch immer Sie lernen oder ausdrücken wollen, die Qualität der Zwillinge hilft Ihnen dabei.

Auch wenn es darum geht, sich Fremdsprachenkenntnisse anzueignen, Präsentationen zu gestalten oder ganz allgemein überzeugend zu kommunizieren, sind Zwillinge-Qualitäten von Vorteil. Sie helfen Ihnen zudem, wenn Konflikte zu besprechen und Kompromisse auszuhandeln sind. Wenngleich die Zwillinge nicht für den Kompromiss an sich stehen. Dafür ist eher ein Waage-Amulett geeignet. Das Zwillinge-Amulett hilft Ihnen vielmehr, die eigene Sichtweise überzeugend vorzutragen und so das Verhandlungsergebnis in Ihrem Sinne zu beeinflussen. Achten Sie beim Einsatz der Zwillinge-Energie nur darauf, nicht zu stark ins Oberflächliche abzuleiten.

Programmieren lässt sich ein Zwillinge-Amulett am besten im Rahmen eines Luftrituals. Halten Sie dabei nach Möglichkeit schriftlich fest, was Sie mit Hilfe Ihres Glücksbringers erreichen wollen, und übergeben Sie diese Wünsche danach dem Rauch, indem Sie das Papier verbrennen.

Der Krebs

Gefühle sind das Salz in der Suppe des Lebens – und der Krebs ist ein Spezialist in Sachen Gefühl. Krebs-Energien kommen Ihnen immer dann zu Gute, wenn es um die Zwischentöne im menschlichen Leben geht. Sie versteht man nur, wenn man in der Lage ist, sich in sein Gegenüber das, was ihn bewegt, hineinzuversetzen. Darin ist der Krebs ein großer Meister. Außerdem versteht er es, eine Atmosphäre der Geborgenheit, des Bemutterns und des Bemuttertwerdens entstehen zu lassen. Wenn es also um den gefühlvollen Umgang mit anderen geht, um eine gute Atmosphäre in der Familie oder einen vertrauensvollen Umgang mit Freunden und Kollegen kann Ihnen ein Krebs-Amulett wertvolle Dienste leisten.

Und vergessen Sie sich dabei selber nicht. Auch den eigenen Wünschen und Bedürfnissen tut manchmal ein wenig liebevolle Aufmerksamkeit ganz gut. Leidenschaftlichkeit und große Emotionen werden Sie aufgrund von Krebs-Unterstützung allerdings nicht erleben. Das ist viel eher Sache des Löwen. Aber seien Sie ehrlich: In den kleinen, oft unausgesprochenen Gefühlen steckt oft viel mehr Kraft als in den großen, dramatischen Gesten.

Das Krebs-Amulett programmieren Sie am sinnvollsten mit Hilfe eines Wasserrituals. Besonders geeignet ist ein mit Kristallenergie aufgeladener Becher voll frischem Wasser. Sie können aber auch das Mondlicht zu Hilfe nehmen. Versuchen Sie während des Rituals das Gefühl zu spüren,

Die Krebsenergie macht Sie sensibel, vielleicht so sehr, dass Sie leicht beleidigt reagieren. Aber dafür verstehen Sie endlich, was in Ihrem Gegenüber vorgeht.

um das es geht. Vor allem aber wiederholen Sie die Reinigung und Programmierung regelmäßig. Gerade im Bereich der Gefühle können sich durch Stress und Frust schnell unerwünschte „Verunreinigungen" einstellen.

Der Löwe

Klar sind Löwen die besseren Chefs – aber eben solche, die mit ihren Lehrlingen auch einmal Unfug treiben.

Mit einem Löwe-Amulett sollten Sie wirklich Freude am Leben haben. Nutzen Sie es beispielsweise als Begleiter bei einem Cluburlaub. Der Spaß bei Unterhaltung und Spiel wird sich fast schon von selber einstellen. Erwarten Sie von Ihrem Urlaub allerdings in erster Linie Erholung, dann Hände weg vom Löwe-Amulett. Denn die Sorte Spaß, die dieser Glücksbringer unterstützt, kann durchaus anstrengend werden.

Gut ist die Löwe-Energie auch, wenn es darum geht, sich selbst zu präsentieren; und zwar vor allem dann, wenn die Wirkung der eigenen Person im Vordergrund steht. Schauspieler, Artisten, aber auch Vorstandsvorsitzende und andere Bosse nutzen häufig diese Qualität, um der eigenen Persönlichkeit eine charismatische Note zu verleihen.

Außerdem hat das Löwe-Amulett in der Erotik seinen Platz; und zwar vor allem, wenn es um Lust und Ekstase geht. Für sinnlichere Stunden greifen Sie dagegen besser zum Stier, für vertraute, die Beziehung pflegende Augenblicke zum Krebs und für die selbstverständliche Harmonie einer vertrauten Partnerschaft zur Waage.

Wann auch immer Sie Ihr Löwe-Amulett tragen, achten Sie dabei darauf, dass Sie sich – durch seine Kraft getragen – nicht zu stark in den Vordergrund spielen.

Aktiviert und programmiert wird ein Löwe-Amulett am besten mit Hilfe des Sonnenlichtes. Setzen Sie sich zu diesem Zweck in die Sonne, schließen Sie Ihre Augen und spüren Sie, wie Sie mit dieser Energie Ihre inneren Batterien füllen. Dann sollte der Lebenslust eigentlich nichts mehr im Weg stehen.

Die Jungfrau

Präzision und Ordnung, distanziertes Beobachten und rationales Wissen sind die Dimensionen, in denen die Jungfrau zu Hause ist.

Jeder gute Berater – sei es im Beruf, sei es privat – hat all diese Qualitäten. Sollten Sie also jemals in die Situation kommen, vor einem undurchschaubaren Chaos zu stehen und Ordnung hineinbringen zu müssen, dann greifen Sie doch einmal probeweise zu einem Jungfrau-Amulett. Es wird Sie dabei unterstützen, die Dinge zunächst einmal ganz nüchtern zu beobachten und gedanklich an die richtige Stelle zu schieben. Der Rest ergibt sich dann oft von ganz allein. Und wenn nicht, dann können Sie mit den Qualitäten anderer Sternzeichen zusätzlich ruhig ein wenig nachhelfen. So unterstützt Sie beispielsweise die Kombination aus Jungfrau- und Widderqualität dabei, das Erkannte auch durchzusetzen, und jene aus Jungfrau und Zwillingen dabei, das Erkannte verständlich zu kommunizieren.

Überhaupt passen Zwillinge und Jungfrau gut gemeinsam an ein Kettchen. Beide Vertreter des Tierkreises werden von Merkur regiert und haben daher viele Eigenschaften, die sich ideal ergänzen. So streben beide Qualitäten oft in die gleiche Richtung, wobei die Jungfrau die Struktur einbringt und die Zwillinge die Leichtigkeit, die der Ordnung den Ernst nimmt. Und damit wären wir auch schon bei jenen Eigenschaften, die man beim Einsatz eines Jungfrau-Amuletts besonders kritisch im Auge behalten sollte: die Strenge und die Humorlosigkeit.

Aktiviert wird ein Jungfrau-Amulett am besten mit der Hilfe des Elementes Erde, gut geeignet ist beispielsweise

Wenn die Kasse nicht stimmt, wenn das Chaos auf dem Schreibtisch überbordet, ist es Zeit für ein Jungfrau-Amulett.

143

ein Kistchen mit Sand, in dem das Amulett für 24 Stunden bleibt. Wenn Sie das Amulett um den Hals gelegt haben, schließen Sie für einen Moment die Augen. Versuchen Sie sich vorzustellen, wie die Dinge oder Gefühle, die in Unordnung geraten sind, wie durch Zauberhand durch die Luft fliegen und von selbst auf dem richtigen Platz landen. Legen Sie dabei die linke Hand über das Amulett und spüren Sie die Energie, die Sie beim Ordnen unterstützt.

Die Waage

Fehlt Ihnen Harmonie in Ihrem unmittelbaren Umfeld? Gehen Ihre Kinder wie Streithähne aufeinander los? Müssen Sie ständig die Konflikte zwischen Ihrem heranwachsenden Nachwuchs und Ihrem Partner schlichten? Werden Sie an Ihrem Arbeitsplatz ständig als Schiedsrichter gerufen? Oder fühlen Sie sich vielleicht selber aus dem innerlichen Gleichgewicht gebracht?

Sollten Sie den Wunsch haben, die Beziehungen und Gefühle bei sich und Ihrer Umgebung auszubalancieren, dann kann Ihnen ein Waage-Amulett sehr nützlich werden. Es unterstützt Sie, mit Charme, Freundlichkeit und Verständnis die Dinge rund um Sie herum ins Lot zu bringen. Daher ist die Waage-Energie auch gut geeignet, in eine ins Stocken geratene Partnerschaft die Harmonie zurückzubringen.

Wenn es um Fairness geht, um Ausgleich und um das Schlichten von Streit, hilft ein Waage-Amulett optimal.

Wunder dürfen Sie von dem Amulett allerdings nicht erwarten. Mit dem Kitten einer von Grund auf zerrütteten Beziehung ist auch die Waage überfordert. Gelingt es Ihnen auch mit Hilfe der Waage-Energie nicht, neue Vertrautheit herzustellen, dann sollten Sie vielleicht besser zum Steinbock-Amulett greifen. Denn dann geht es vielleicht in Wahrheit nicht um den Ausgleich zwischen Ihnen und Ihrem Partner, sondern um eine überfällige Trennung.

Ein Waage-Amulett kann Sie übrigens auch bei kreativen Aktivitäten unterstützen; und zwar immer dann, wenn es darum geht, Unterschiedliches zu finden, das gut zueinander passt.

Waage-Amulette werden mit Luft-Ritualen programmiert. Gut geeignet ist beispielsweise eine Räuchermischung aus Jasmin, Lavendel und Rose.

Der Skorpion

Sie haben ein Ziel, das schier unerreichbar erscheint? Das auch mit größten Kraftanstrengungen kurzfristig nicht zu erreichen sein wird? Bei dem es auf dem Weg keine schnellen Resultate gibt, die Sie bestärken? Kurz, bei dem Sie über sich selbst hinauswachsen müssen, um es zu erreichen? „Der größte Sieg ist der Sieg über sich selbst", schreiben Rüdiger Dahlke und Nicolaus Klein in ihrem Buch „Das senkrechte Weltbild" und ordnen diese Aussage dem Lebenswunsch des Skorpions zu.

Wenn es also darum geht, die Beschränkungen der eigenen Person zu überwinden, dann kann ein Skorpion-Amulett wertvolle Unterstützung leisten. Seine Qualitäten helfen dem Träger, seine persönlichen Grenzen, aber auch die Schranken und Barrieren in seiner Umgebung schonungslos aufzudecken und zu überwinden.

Ganz generell lässt sich sagen, dass der Skorpion dort gut am Platz ist, wo es um Perfektion und Idealismus geht. Sie sollten sich nur vorsehen, dass Ihr Skorpion-Einsatz nicht zu weit ins Ernste und Anstrengende abgleitet. Diese Energie enthält nämlich auch die Gefahr, an den eigenen Ansprüchen zu zerbrechen.

Wahre Ziele gegen alle Hindernisse hartnäckig zu verfolgen gelingt Ihnen leichter mit Skorpion-Energie.

Aktiviert wird das Skorpion-Amulett am besten im Rahmen eines Wasserrituals. Frieren Sie es beispielsweise in einem Eiswürfelbecher mit etwas klarem Wasser ein. Ist der Eiswürfel durchgefroren, holen Sie es aus dem Gefrierfach und tauen es auf einem kleinen Teller auf. Beim Anlegen ist es wichtig, dass Sie versuchen, sich vorzustellen, wie glücklich es sich anfühlt, wenn Sie Ihr Ziel erreicht haben. Sollte sich dieses Glücksgefühl trotz aller Bemühungen nicht einstellen, lassen Sie lieber zu diesem Zeitpunkt die Finger von diesem Amulett. Sie würden sich überfordern.

Der Schütze

Expansion in jedem Bereich, das ist die Sache des Schützen. Egal, ob sich Ihre beruflichen Pflichten erweitern, ob Sie eine größere Wohnung oder ein Haus beziehen, ob Ihre Familie Zuwachs bekommt – hier bringt die Schütze-Qualität Glück und Gelingen. Sie werden spüren, wie die Begeisterung für die neuen Dinge von Ihnen Besitz ergreift und wie Sie mit Schwung Dinge angehen, die Ihnen vor Kurzem noch schwierig und mühsam erschienen sind.

Im Gegensatz zum Widder kommt die Schütze-Energie aus der Motivation und nicht aus der reinen Existenz der Kraft. Motivierte Menschen signalisieren nach außen: Ich bin nicht zu bremsen – und daher werden sie in aller Regel von der Umgebung auch nicht gebremst.

Darin liegt aber auch ein Stückweit die Problematik der Schütze-Energie. Wenn Sie über Ihr Ziel nachdenken, das Sie mit der Unterstützung des Schütze-Amulettes erreichen wollen, dann sollten Sie versuchen, es sich möglichst bildhaft vorzustellen. Schließen Sie die Augen und beobachten Sie genau, wie es an diesem Ziel aussieht, welche Dinge und

Wenn Sie mit der Energie des Schützen unterwegs sind, sind Sie kaum noch zu bremsen. Achten Sie darauf, dass Sie nicht über Ihr Ziel hinausschießen!

welche Menschen zu sehen sind und was unter Umständen fehlt. Vielleicht kommen Sie auf diese Weise zu dem Ergebnis, dass Sie mit Ihrem ursprünglichen Ziel bereits über das eigentlich zu erreichende Ziel hinausgeschossen sind. Gut, wenn Sie so etwas vorher merken. Dann können Sie Ihr Ziel an diese Erkenntnis anpassen und sich trotzdem vom Schützen begleiten lassen.

Aktiviert wird das Schütze-Amulett ebenso wie das von Widder und Löwe mit Hilfe des Feuers. Gerade diese Energie verträgt ein offenes Lagerfeuer sehr gut. Sollten Sie in Ihrem Umfeld keine Gelegenheit für ein solches Feuer haben, dann nehmen Sie wenigstens eine feuerfeste Schale, um das Amulett über den Flammenspitzen zu programmieren. Und denken Sie dabei daran, zu überprüfen, ob Ihr Ziel wirklich das richtige ist.

Der Steinbock

Hatten Sie schon einmal die Gelegenheit, einen Steinbock in seiner natürlichen Umgebung zu beobachten? Wenn ja, dann wissen Sie ganz genau, wie Sie den Steinbock als Glücksbringer einsetzen können.

Bei der Qualität dieses Tierkreiszeichens geht es um Genügsamkeit, auch im Sinne von Selbstgenügsamkeit. Der Steinbock macht aus kargen Verhältnissen das Beste und strebt unbeirrt dem Gipfel zu.

Ein Steinbock-Amulett hilft Ihnen durch Zeiten, in denen Sie sparen müssen. Es unterstützt Sie, wenn Sie ein Ziel ganz alleine erreichen müssen oder wenn Sie sich aus anderen Gründen einsam fühlen. Es hilft aber auch bei Einsamkeit, denn es verstärkt die Bereitschaft, mit sich selber das Auslangen zu finden. Daher ist es auch in Zeiten lang überfälliger Trennungen vom Partner oder dann,

Steinbock-Energie ist selbstgenügsam und von hohem Sicherheitsdenken getragen.

wenn Kinder flügge werden und das Haus verlassen, ein guter Begleiter.

Wobei eine Einschränkung notwendig ist: Das Gefühl der Einsamkeit, das durch Heimweh ausgelöst wird, kann mit dem Steinbock nicht gelindert werden. Im Gegenteil, das verstärkt er sogar noch.

Programmiert wird das Steinbock-Amulett mit Hilfe der Erde. Gut geeignet sind einige ganz gewöhnliche Quarzsteine, mit denen man das Amulett einige Tage verwahrt. Wenn Sie das Amulett anlegen, sollten Sie sich vorstellen, wie es ist, wenn Sie ohne andere Menschen oder bestimmte Dinge ganz einfach aus sich selbst heraus zufrieden sind.

Der Wassermann

Wassermann-Energie ist immer für eine Überraschung gut.

Sie wollen ganz etwas Neues wagen? Die Welt aus den Angeln heben? Alte Strukturen überwinden? Dann nichts wie hin zum Wassermann.

Ob beruflich oder im Privatleben, er hilft Ihnen in allen Situationen, bei denen es darum geht, etwas ganz anders als bisher zu machen. Mit Wassermann-Qualitäten können Sie Chef und Kollegen gewinnen, um ein revolutionäres Projekt zu starten. Sie überwinden bisherige Hierarchien und bringen Bewegung in bislang Erstarrtes. Sie überzeugen Ihre Familie oder Ihre Freunde, mit Ihnen völlig verrückte Aktivitäten zu unternehmen, Hilfsprojekte zu initiieren oder sich auch gegenseitig mehr Freiheit einzuräumen.

Seien Sie nur insofern vorsichtig, dass Ihre Bemühungen nicht im Chaos enden, weil Sie wichtige Beteiligte übergehen. Und eine zweite Warnung sei hier hinzugefügt: Der Leitspruch des Wassermannes lautet „Ich weiß" – und mit nichts bringen Sie einen Wassermann mehr auf die Palme, als wenn Sie ihm das Gefühl verleihen, er habe ja keine Ahnung, verstehe etwas nicht oder mache Fehler. Wenn Sie also ein Wassermann-Amulett anlegen, sollten Sie sich vorher bewusst machen, dass dieser Bereich jetzt Ihr wunder Punkt sein wird – und halten Sie sich von Schützen fern. Denn die, so glauben Sie unter Einfluss der Energie des Wassermanns, wissen immer alles besser.

Aktiviert wird das Wassermann-Amulett mit einem Luftritual. Sollten Sie wirklich ganz etwas Revolutionäres im Sinne haben, was bislang nicht möglich war, können Sie ein rituelles Messer in die Programmierung einbeziehen. In der Regel genügt die reine Anwesenheit des Messers. Etwas symbolisch zu durchtrennen erfordert gründliches Überlegen. Und das gehört nicht unbedingt zu den Qualitäten des Wassermanns.

Die Fische

Suchen Sie nach dem Sinn des Lebens? Wünschen Sie sich spirituellen Rückhalt im Leben? Oder sehnen Sie sich nach dem Gefühl, in der Natur aufzugehen? Ein Teil dieser Schöpfung zu sein?

Die Energie der Fische ist sehr religiös, wenngleich sie nicht an eine Religion gebunden ist. Es geht um den Sinn des Ganzen, die Verschmelzung mit dem Universum, die Einheit der Dinge. Das klingt großartig, doch wirken die Fische viel stärker in den kleinen Dingen des Lebens.

Sollten Sie beispielsweise das Gefühl haben, vollkommen ausgelaugt zu sein, dann lassen Sie sich von einem Fische-Amulett in die Natur begleiten.

Lehnen Sie sich an einen großen Baum, bevorzugt an eine Eiche als Sinnbild der Lebenskraft. Versuchen Sie sich vorzustellen, wie Sie durch die Wurzeln des Baumes neue Kraft in sich aufsaugen und wie die Äste seiner Krone den Schutz des Universums zu Ihnen nach unten holen. Natürlich können Sie so etwas auch ohne Fische-Amulett

Fische-Energie ist eine Energie, die Sie mit der Liebe zum Leben verbinden kann.

machen. Nur mit ihm geht es viel leichter und wirkt viel besser.

Sollten Sie in Ihrem Beruf völlig frustriert sein, dann tragen Sie eine Weile das Fische-Amulett. Vielleicht erkennen Sie mit seiner Hilfe den Sinn in Ihrer Situation. Ähnliches gilt, wenn es in Ihrem Privatleben Dinge gibt, die Sie deprimieren. Wobei die Fische-Qualität gut ist, um den Sinn hinter den Dingen zu sehen. Danach muss man sich andere Verbündete suchen. Denn ändern lässt sich mit Hilfe der Fische so gut wie nichts.

Programmiert wird ein Fische-Amulett mit Hilfe des Wassers. Wenn Sie es sich möglichst leicht machen wollen, dann legen Sie es doch einfach für einige Stunden in den Regen.

Ändern werden Sie mit Hilfe der Energie der Fische vermutlich nichts – höchstens lernen, unangenehmen Dingen aus dem Weg zu gehen und abzutauchen, wenn es unangenehm oder allzu verbindlich wird.

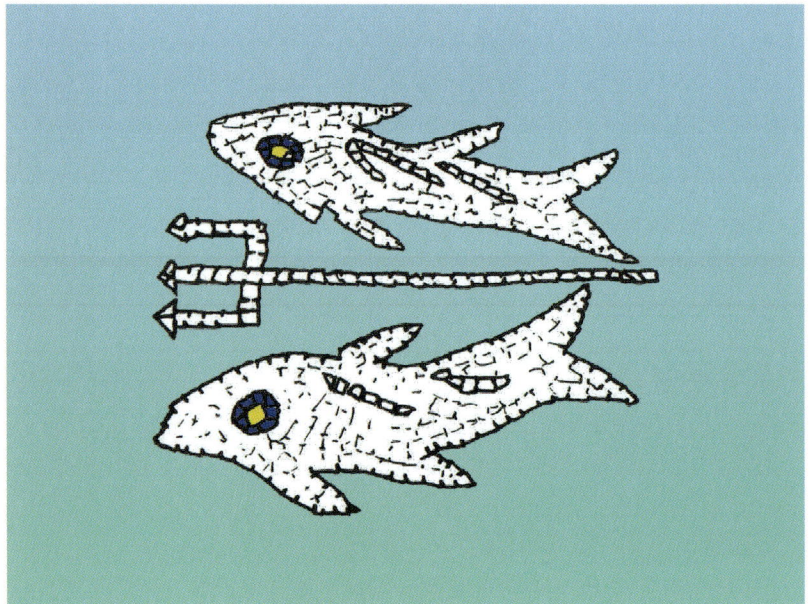

150

Talismane für besondere Zwecke

Im Folgenden finden Sie konkrete Vorschläge für Talismane für die diversen Lebenslagen, samt einer Anleitung, wie Sie sie ganz leicht selbst herstellen können.

Talismane für unterwegs

Ab geht die Post

Wenn Sie viel unterwegs sind, sei Ihnen der folgende Talisman für ein zügiges Vorankommen ans Herz gelegt. Zunächst müssen Sie ein wenig Huflattich, Spitzwegerich, einige Schlüsselblumen sowie etwas Tausendgüldenkraut sammeln und trocknen. Außerdem benötigen Sie einige Lindenblüten, die Sie außerhalb der Saison auch in der Apotheke bekommen, sowie etwas Pfefferminze. Neben den Kräutern benötigen Sie einen Briefumschlag oder ein kleines Papiertütchen sowie eine gelbe Kerze und fünf Kupfermünzen. Nehmen Sie sich für das nun folgende Ritual nach Möglichkeit an einem Mittwoch Zeit.

Legen Sie die fünf Münzen in einem Kreis um die Kerze und zünden sie an. Nun ver-

Sammeln Sie Kerzen in allen Farben. Für dieses Amulett brauchen Sie eine gelbe.

Denken Sie beim Programmieren Ihres Talismans intensiv an Ihr Vorhaben.

brennen Sie einen kleinen Teil der Kräuter und denken oder sprechen leise die Worte: „Ich bitte Euch, mich auf allen meinen Wegen mit Euren Energien zu begleiten." Denken Sie dabei intensiv an Ihre nächsten aushäusigen Vorhaben. Dabei geht es nicht nur um Urlaube oder berufliche Reisen, sondern um alle Situationen, bei denen Sie unterwegs sind, also auch um den täglichen Weg zur Arbeit, die Fahrt zum Einkaufszentrum oder den Ausflug am Wochenende.

Stecken Sie nun die restlichen Kräuter und die Münzen in den Briefumschlag, kleben diesen zu und versiegeln ihn mit dem Wachs einer der Kerzen. Am besten verwahren Sie ihn in jener Tasche, die Sie üblicherweise bei sich haben, wenn Sie das Haus verlassen. Oder Sie bohren in eine der fünf Münzen ein Loch und hängen sie sich als Amulett um den Hals.

Das Pfeffersäckchen

Pfeffer schützt Sie vor dem allzu feurigen Fahrstil anderer.

Wer kennt sie nicht, die Raser und Drängler auf der Autobahn? Die Fahrer, die mit Hupe und Lichthupe alle anderen beiseite zwingen wollen oder aus Unachtsamkeit auf die falsche Fahrbahn geraten? Oder jene, die abrupt bremsen, keine Blinker vor einer Richtungsänderung setzen und vergessen, ihr Fernlicht abzublenden? Ihnen könnten Sie mit einem Pfeffersäckchen als Talisman begegnen.

Pfeffer ist ein ganz besonderes Gewürz. Es gibt nicht nur den Speisen das erwünschte Feuer, sondern befeuert auch jene Dinge im Leben, die nicht durch den Magen gehen. Als Gewürz, das dem Kriegsgott Mars zugeordnet ist, dient es als kräftiges Verteidigungsmittel und dient daher ganz allgemein der Abwehr von Angriffen und Gefahren aller Art.

Für den Talisman benötigen Sie ein leuchtend rotes Stoffsäckchen, einige schwarze und rote Pfefferkörner, einige Früchte der Heckenrose sowie einen Nagel. Reinigen und aktivieren Sie diese Bestandteile mithilfe eines Feuerrituals. Sie können zu diesem Zweck zwar auch eine rote Kerze nehmen, effektiver ist es jedoch, Sie haben die Möglichkeit, ein richtiges Feuer zu entfachen. Legen Sie die Pfefferkörner, den Nagel und das Säckchen auf einen weißen Teller. Sobald das Feuer ein wenig heruntergebrannt ist und Sie gefahrlos in den aufsteigenden Rauch greifen können, schöpfen Sie ihn mit beiden Händen, die Sie zu einer Schale formen, über den Teller. Wiederholen Sie diese Geste mehrmals, bis Sie das Gefühl haben, dass die Kraft des Feuers alle negativen Energien von Ihrem zukünftigen Talisman entfernt hat und ihn mit neuen erfüllt. Während Sie das Gewürz und den Nagel in das Säckchen füllen, erklären Sie in Gedanken oder mit leisen Worten, dass Sie Hilfe bei der Abwehr bewusster oder unbewusster Angriffe auf Sie erbitten. Versprechen Sie darüber hinaus, dass Sie den Talisman nicht als Waffe gebrauchen werden, um Ihrerseits einen anderen Menschen bewusst anzugreifen.

Wenn das Feuer erloschen ist, fügen Sie noch ein kleines Stück verkohltes Holz in Ihr Talismansäckchen und hängen es an den Rückspiegel Ihres Autos oder legen es in das Handschuhfach.

Wenn Sie einen Talisman brauchen, der Sie ordentlich in Fahrt bringt, gehören Hagebutten dazu.

Bahn frei für den Fluss der Dinge

Rosmarin wirkt krampflösend und aktivierend und bringt die Dinge in Fluss. Das gilt nicht nur für den üblen Husten, der sich in den Bronchien festgesetzt hat, sondern auch für die Verrichtungen des täglichen Lebens. Legen Sie ein

Säckchen mit Rosmarin in das Handschuhfach Ihres Autos. Es wird Ihnen zwar nicht jeden Stau aus dem Weg schaffen können, hilft aber, die bei derartigen Gelegenheiten stauenden Energien wieder in Fluss zu bringen.

Sollten Sie dennoch warten müssen, werden Sie bemerken, dass es Sie deutlich weniger stresst. Anstatt darüber nachzudenken, welche negativen Folgen Ihre Verspätung haben könnte, nehmen Sie das Rosmarinsäckchen in Ihre linke Hand und stellen sich vor, was Sie nach Ihrer Ankunft am Reiseziel zügig erledigen können.

Rosmarinessenz kann Ihnen helfen, unliebsame Situationen entspannt durchzustehen.

Aber nicht nur im Auto ist Rosmarin ein guter Talisman und Beförderer. Gehen Ihnen beispielsweise bei der Arbeit die Aufgaben nur schwer von der Hand, hilft Rosmarinessenz, die Sie in einem hübsch verzierten Flakon oder einem Fläschchen aufbewahren. Oft reicht es schon, diesen Talisman immer wieder kurz anzuschauen. In hartnäckigeren Fällen können Sie ihn aber auch ruhig aufschrauben und an der Essenz schnuppern oder einen Tropfen in eine Duftlampe geben.

Sorgen Sie dafür, dass Sie ein dicht verschließbares Gefäß für die Rosmarinessenz bekommen. Dann können Sie es auch in Ihre Handtasche stecken und immer dann daran schnuppern, wenn Sie das Gefühl haben, in einer unliebsamen Situation stecken zu bleiben.

Reinigen und aktivieren müssen Sie den Rosmarin übrigens dann nicht, wenn Sie ihn selber gesammelt und getrocknet haben und dabei innerlich entspannt waren. Verwenden Sie dagegen gekaufte Kräuter oder Essenzen, empfiehlt es sich, sie vor der ersten Verwendung von den Gedankenmustern des Produzenten zu reinigen. Legen Sie sie zu diesem Zweck auf ein weißes Tuch und entzünden Sie

eine weiße Kerze. Versuchen Sie innerlich Kontakt zu Ihrem künftigen Talisman aufzunehmen und ihm in Gedanken oder leisen Worten seine künftigen Aufgaben zu erklären. Bitten Sie ihn dann, alle Energien loszulassen, die er für die Erfüllung dieser Aufgaben nicht benötigt, und streichen Sie dabei mit der linken Hand den Rauch der Kerze über ihn. Wiederholen Sie diese Handbewegung so oft, wie Sie das Gefühl haben, dass noch etwas weggewischt werden muss. Dann sagen Sie ihm, dass Sie sich auf Ihre künftigen, mit seiner Hilfe erbrachten Erfolge und Durchbruchserlebnisse freuen.

Gekaufte Zutaten sollten Sie erst von allen fremden Einflüssen reinigen.

Das Christophorusamulett

Das traditionelle Schutzamulett für Reisende ist ein Medaillon mit der Darstellung des heiligen Christophorus. Der Sage nach trug der unwirsche, hässliche Riese das Jesus-Kind sicher auf seinen Schultern durch einen Fluss. Daher wurde er in den Kreis der 14 Nothelfer der katholischen Kirche aufgenommen. Er gilt als Schutzheiliger der Reisenden und kleinen Kinder und soll vor allem den unerwarteten Tod abwenden.

Sollten Sie sich dieses Schutzamulett in Ihr Auto hängen, überfordern Sie den Heiligen bitte nicht. Gegen die Folgen von Alkohol am Steuer oder aggressiven Rasens kann Ihnen auch Christophorus nicht helfen. Ähnliches gilt für andere Heiligenamulete.

Fahren Sie nie schneller, als Ihr Schutzengel fliegen kann!

Der Segen eines Priesters ist sicherlich die beste Form, dieses und andere Heiligenamulette zu aktivieren. Darüber hinaus können Sie selbstverständlich auch selber mit Ihrem Unheilsabwender in Kontakt treten. Entzünden Sie eine weiße Kerze, geben Sie einige Weihrauchperlen in eine Räucherpfanne und bitten Sie das Amulett in Gedanken oder leisen Worten, Sie auf allen Ihren Wegen zu beschützen.

Das Auge des Horus

Waren Sie schon einmal auf Malta? Dann kennen Sie sicher diese hübschen, bunten Boote, die Dghajsas, deren Bug mit einem Augenpaar verziert ist. Dieser traditionelle Talisman, der übrigens ebenso auf großen Schiffstypen wie professionellen Fischerbooten zu finden ist, geht auf die Phönizier zurück. Sie brachten den Kult von Isis, Osiris und ihrem Sohn Horus aus Ägypten auf die Insel. Der Falkengott Horus schützte die Erde und seine Bewohner, seine Augen symbolisierten Sonne und Mond. Diese Augen sollen alle bösen Absichten abwenden, dem Menschen Orientierung geben und ihn sicher an sein Ziel geleiten.

Das Horusauge stand bei den Augensymbolen auf maltesischen Schiffen Pate. Ein Augenamulett wie auf Seite 70 erfüllt den gleichen Zweck.

Machen Sie es wie die Malteser. Besorgen Sie sich zwei Augenamulette aus Glas oder malen Sie Augen auf zwei Stücke Papier. Setzen Sie das eine für einen Tag dem Sonnenlicht aus, das andere legen Sie eine Nacht ins Licht des Vollmondes. Dann platzieren Sie sie rechts und links im Fond Ihres Autos. Ein guter Platz ist beispielsweise unter dem Blendschutz für Fahrer und Beifahrer.

Selbstverständlich können Sie das Augenamulett auch um den Hals tragen oder an den Zugängen zu Ihrer Wohnung platzieren.

Schutz für Ihr Heim

Bei diesen Talismanen sind Ihrer Fantasie keine Grenzen gesetzt. Vom Türklopfer bis zum Pentagramm – prüfen Sie genau, wie jeder Talisman Ihnen helfen soll.

Die Jahreszeiten-Puppen

Haben Sie manchmal das Gefühl, dass Ihre Lieben von allen guten Geistern verlassen sind? So schlimm wird es schon nicht sein. Trotzdem kann es nichts schaden, im eigenen Heim hilfreiche Geister anzusiedeln, welche die Atmosphäre im Haus reinigen und den Bewohnern Kraft geben.

Je nach Jahreszeit beginnen Sie mit einem Frühjahrs-, Sommer-, Herbst- oder Winterpüppchen. Dafür müssen Sie zunächst Materialien sammeln, welche die Natur zu Beginn der jeweiligen Jahreszeit zur Verfügung stellt.

Beginnen Sie mit dem Hilfsgeist in der kalten Jahreszeit, in der alles ruht, um neue Kräfte für das kommende Jahr zu schöpfen. Das beste Material dieser Jahreszeit kommt ohne Frage von den immergrünen Nadelbäumen. Am besten suchen Sie sich einige Eiben- oder Fichtennadelzweige, die Sie auf ein sauberes, weißes Tuch legen. Rechts und links stellen Sie zwei weiße Kerzen auf. Zusätzlich benötigen Sie noch ein Glas kaltes Wasser.

Im Kerzenlicht beginnen Sie nun, Ihrem hilfreichen Wintergeist Form zu verleihen.

Legen Sie zu diesem Zweck einige Zweige übereinander und binden Sie für den Kopf das obere Viertel mit einer Sisal- oder Hanfschnur ab. Dasselbe machen Sie mit dem unteren Drittel für die Beine, wobei Sie auf beiden Seiten zwei bis drei Zweige für die Arme außerhalb des Bundes lassen. Nun trennen Sie die verbliebenen Zweige in zwei gleich starke Enden für die Beine. Umwickeln Sie den Bereich für Hände und Füße mit etwas Schnur. Wenn Sie wollen, können Sie Ihrem guten Geist mit etwas Blumendraht zusätzliche Stabilität verleihen.

Tauchen Sie nun den kleinen Fichtengeist kurz in das kalte Wasser, nehmen ihn in Ihre rechte Hand und streichen Rauch von der

Dieses Eibenfräulein ist einen ganzen Winter lang der gute Geist der Haustür.

Kerze über seinen Körper. Denken oder sprechen Sie leise die folgenden Worte: „Hilfreicher Geist der Jahreszeit, bitte unterstütze mich und alle Bewohner dieses Hauses mit Deinen Energien und schütze uns vor allem, was uns schadet." Wiederholen Sie diese Programmierung dreimal, dann stellen oder legen Sie den neuen Hausgenossen in die Nähe Ihrer Eingangstür. Sollten Sie eine Hinter-, Balkon- oder Terrassentür haben, fertigen Sie einen zweiten Hausgeist an und platzieren ihn dort.

Gegen Ende der Jahreszeit sollten Sie sich bei Ihrem Schutzgeist bedanken und seine Energie der Natur zurückgeben. Zu diesem Zweck breiten Sie wiederum das weiße Tuch aus, entzünden eine violette Kerze und entzünden das Püppchen mit Hilfe der Kerze in einer feuerfesten Schale. Während die dürr gewordenen Zweige in Flammen aufgehen, bedanken Sie sich für den Schutz und die Hilfe in den vergangenen Monaten.

Sollten Sie das Gefühl haben, dass Ihnen der Schutztalisman keine große Hilfe war, bedanken Sie sich trotzdem und fügen Sie die Worte an: „Auch wenn ich Deine Unterstützung nicht wahrnehmen konnte."

Im Schein der Kerze sollten Sie danach dem Gedanken nachgehen, was Glück für Sie bedeutet. Denn selbst wenn einiges in den vergangenen Monaten nicht so gelaufen ist, wie Sie sich das vorgestellt haben, so können Sie trotzdem großes Glück gehabt haben; etwa, weil weder Sie noch ein Mitglied Ihrer Familie ernsthaft krank geworden ist und Sie auch vor großen finanziellen Sorgen verschont geblieben sind.

Nach diesem Abschiedsritual sind Sie bereit für die Herstellung des nächsten Jahrszeiten-Talismans. Im Frühjahr können Sie die Zweige einer Weide oder eines Buxbaumes nehmen und im Sommer Rosmarinzweige oder langfaseriges Heu. Ansonsten verfahren Sie, wie beim Winter-Püppchen beschrieben. Für den Herbst bieten sich Haselnussruten an, Sie können aber auch einfach wie in Kindertagen einen Kastanienmann bauen. Benutzen Sie für ihn ebenfalls ein weißes Tuch als Unterlage und stellen Sie weiße Kerzen auf. Auch das Reinigungs- und Aktivierungsritual sollten Sie wie oben beschrieben durchführen.

Der Schutz der vier Elemente

Wenn Sie sich von den vier Jahrszeiten unabhängige Unterstützung ins Haus holen wollen, können Sie auch die vier Elemente um Unterstützung bitten.

Suchen oder basteln Sie sich zu diesem Zweck vier Repräsentanten für Feuer, Erde, Luft und Wasser. Je nachdem, wie dekorativ Ihr Talisman wirken soll, können Sie ganz unterschiedliche Arrangements wählen.

Sehr unauffällig sind beispielsweise jeweils eine Gold-, eine Silber- und eine Kupfermünze. Die Goldmünze symbolisiert dabei das Element Feuer, die Silbermünze das Element Wasser. Die Kupfermünze steht gleich für beide restlichen Elemente, Luft und Erde. Vergraben Sie diese drei Münzen für die Dauer eines ganzen Mondzyklus in der Erde. Dann reinigen Sie sie kurz unter fließendem kalten Wasser und stecken sie nach dem Abtrocknen in ein kleines

Nach Buxbaumfräulein und Rosmarinmann ist im Herbst der Kastanienmann an der Reihe.

Papiersäcken, das Sie im Eingangsbereich Ihrer Wohnung aufbewahren.

Etwas auffallender sind Kerzen- und Steinarrangements. Für das Feuer nehmen Sie eine rote, goldene oder weiße Kerze, für die Luft eine hellgelbe, hellblaue oder blaugrüne Kerze. Das Wasser wird von silbernen, rosa oder fliederfarbenen Kerzen repräsentiert und die Erde von kräftig grünen, dunkelblauen oder anthrazitfarbenen Kerzen. Natürlich können Sie auch Kerzenständer und Kerzenfarben kombinieren, etwa in silbernen Kerzenständern rote, gelbe und grüne Kerzen aufstellen oder in anthrazitfarbenen weiße, gelbe und fliederfarbene.

In einer solchen Salzlampe vereinigen sich die vier Elemente: Feuer durch die Flamme, Luft durch den Rauch, Wasser wird vom Salz gebunden und Erde durch den Salzstein selbst.

Zur Reinigung und Aktivierung nehmen Sie eine Schüssel Wasser, in die Sie einige Tropfen Johanniskraut-, Wermut- und Thymianessenz tropfen. Tauchen Sie Kerzen und Ständer kurz in dieses Wasser ein und bitten Sie sie dabei, Ihnen und Ihren Hausgenossen künftig mit Ihren Energien hilfreich zur Seite zu stehen und alles Schädliche von Ihrem Heim abzuwehren.

Immer wenn Sie in Zukunft das Gefühl haben, die Unterstützung Ihres Vier-Elemente-Talismans besonders zu brauchen, zünden Sie die Kerzen an und denken an die Kraft, die Sie bereits bis zum jetzigen Punkt in Ihrem Leben getragen hat. Beobachten Sie dabei den Schein der Kerzen. Sie werden spüren, wie die Zuversicht in Ihnen wächst.

Für einen Vier-Elemente-Talisman mit Steinen bieten sich eine Vielzahl verschiedener Mineralien und Halbedelsteine an. Persönlich haben wir gute Erfahrungen mit dem Tigerauge für das Feuer, dem Rosenquarz für die Luft, dem Mondstein für das Wasser und dem Bergkristall für die Erde gemacht. Aber lassen Sie sich ruhig von Ihrem Gefühl leiten. Sie wer-

Eine Keramikschale, eine Feder, ein Säckchen mit Pfefferkörnern und einige getrocknete Hibiskusblüten fügen sich zu einem 4-Elemente-Talisman zusammen.

den mit Sicherheit die für Sie stimmigste Kombination finden.

Zur Reinigung und Aktivierung der Steine empfehlen wir, diese mit dem Rauch eines Sandelholzstäbchens zu bestreichen. Sprechen Sie dabei mit den Steinen, erklären Sie, welche Herausforderungen und Schwierigkeiten auf Ihren Haushalt zukommen könnten und welchen Schutz Sie von Ihrem Vier-Elemente-Talisman erbitten. Suchen Sie sich dann einen guten Platz auf einem Fensterbrett, auf dem tagsüber für einige Stunden die Sonne und nachts das Mondlicht scheint.

Halten Sie Kontakt mit Ihrem Talisman, indem Sie immer wieder gedanklich Verbindung mit ihm aufnehmen, in anschauen und ihm erklären, wie es um Ihren Haushalt steht. In besonders schwierigen Zeiten können Sie die Steine auch immer wieder zur Hand nehmen. Vergessen Sie jedoch nicht, sie danach wieder mit dem Rauch von Sandelholz zu reinigen.

Ihr Talisman kann so etwas wie ein Gesprächspartner für Sie werden.

161

Das Schutzbild der bunten Kreise

Ein besonders hübscher und leicht anzufertigender Talisman ist das Schutzbild der bunten Kreise. Besorgen Sie sich in einem Bastelgeschäft ein Stück ungebleichte Leinwand, einen quadratischen Spannrahmen in entsprechender Größe und Ölfarben. Legen Sie sich Ihre Malutensilien nach Möglichkeit auf einem großen Holztisch zurecht, den Sie zum Schutz mit alten Zeitungen abdecken. Nun malen Sie mit einem Bleistift verschieden große Kreise auf die Leinwand. Dies funktioniert entweder mit einem Zirkel oder noch besser mit verschieden großen runden Gegenständen wie Gläsern, Kochtopfdeckeln und Ähnlichem. Die Kreise können sich durchaus überschneiden.

Nun malen Sie die Kreise mit unterschiedlichen Farben aus. Rot wählen Sie für Liebe, Sexualität und Partnerschaft, Rosa und Himmelblau für Freundschaft und Harmonie. Mit Gelb locken Sie Selbstbewusstsein und Glück im Allgemeinen an und vertreiben Depressionen und Angstgefühle. Blau steht für Erfolg, Ausgleich und Gerechtigkeit, Grün für materiellen Wohlstand und Gewinn. Mit Braun unterstützen Sie Ihre eigene Autonomie und stärken die Kraft für notwendig gewordene Trennungen – sei es von materiellen Dingen, sei es von Menschen. Und mit Weiß aktivieren Sie Ihre Selbstheilungskräfte und vertreiben Krankheit und Sorgen.

Wo sich Kreise überschneiden, haben Sie zwei Möglichkeiten. Entweder mischen Sie die beiden Farben zunächst und tragen sie auf. Je nach Marke der Ölfarbe ist das Ergebnis allerdings optisch nicht allzu befriedigend. Daher sollten Sie sich vorher entscheiden, welches Anliegen eher

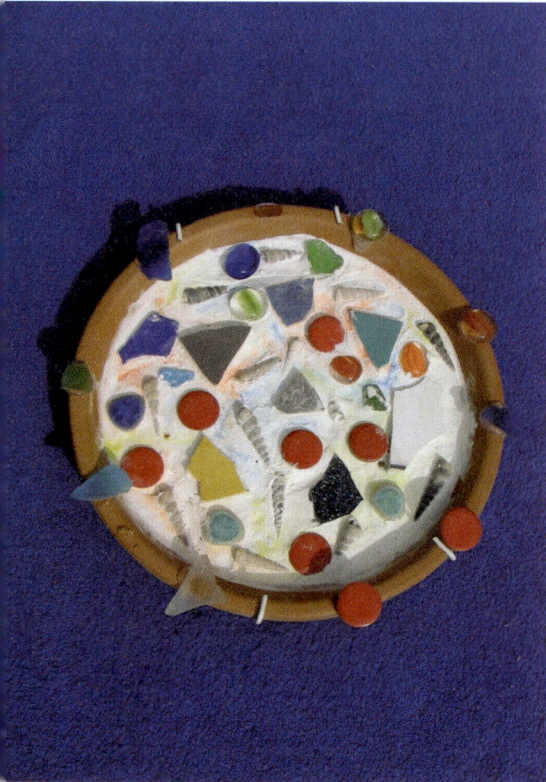

Auch dieser Scherbenteller wirkt wie ein Schutzbild der bunten Kreise.

im Hintergrund liegt und welches Vorrang hat. Die im Hintergrund liegende Farbe tragen Sie zuerst auf und lassen Sie gründlich trocknen. Dann kommt der dringendere Wunsch mit seiner Farbe.

Denken Sie beim Ausmalen der Kreise intensiv an jene Situationen in Ihrem Leben, für die Sie Unterstützung durch Ihren Talisman wünschen. Bitten Sie die Farben, sich zu einem magischen Bild zu verbinden und Sie künftig bei den Herausforderungen Ihres Lebens zu unterstützen.

Reinigen müssen Sie diesen Talisman übrigens nicht eigens. Es genügt, wenn Sie das Bild mit Ihrer Signatur aktivieren. Sobald es richtig trocken ist, ziehen Sie es auf den Spannrahmen auf und platzieren es im Eingangsbereich Ihrer Wohnung.

Sie werden überrascht sein, wie viele Menschen die magische Kraft dieses Talismans unbewusst mitbekommen werden und Sie bewundernd auf das tolle abstrakte Kunstwerk in Ihrer Wohnung ansprechen.

Denken Sie beim Ausmalen intensiv an jene Situationen in Ihrem Leben, für die Sie Unterstützung wünschen.

Der Stabilisator

Sie wünschen sich mehr Stabilität im Leben? Einen festen Halt? Und einen soliden Grund unter den Füßen, um nicht die Bodenhaftung zu verlieren? Dann versuchen Sie es doch einmal mit dem folgenden Talisman: Besorgen Sie sich eine Bleikristallschale und füllen Sie diese mit etwas Erde aus der Umgebung einer Eiche oder eines Wacholderbusches. In der Schale arrangieren Sie eine dunkelblaue und zwei dunkelgrüne Kerzen.

Bringen Sie Ihren künftigen Talisman in den Keller und stellen Sie ihn dort genau in die Mitte des zentralen Kellerraumes. Sollten Sie in einer Wohnung leben und nur ein Kellerabteil zur Verfügung haben, machen Sie es ganz genauso. Das Ritual funktioniert auch dann, wenn dieser Kellerraum nicht unter Ihrer Wohnung liegen sollte.

Ein Stabilisator im Keller hilft auch dann, wenn der Keller nicht genau unterhalb Ihrer Wohnung liegt.

163

Entzünden Sie die Kerzen, verbrennen Sie einige Dill-, Fenchel- und Kümmelsamen und meditieren Sie über dem Schein der Kerzen über Ihr Bedürfnis nach einem tragfähigen Untergrund. Sind die Kerzen heruntergebrannt, räumen Sie die Schale in ein Regal oder an einen anderen Ort, an dem sie nicht stört. Lassen Sie sie aber jedenfalls im Keller.

Ein wenig von der Erde dieses Talismans können Sie mitnehmen und gemeinsam mit einer kleinen Vogelfeder für gute Gedanken, einem Rosenquarz für Urvertrauen und einem Zweig Thymian für den notwendigen Lebensmut in einen kleinen Lederbeutel legen. Diesen Lederbeutel platzieren Sie auf dem Dachboden oder auf dem höchsten Schrank in Ihrer Wohnung. In schwierigen Zeiten können Sie einen derartigen Beutel auch als Begleiter bei sich tragen.

Im Bann der Geräusche

In Form von Osterratschen werden Geräusche auf dem Land bis heute zum Vertreiben von Geistern eingesetzt.

Dass Geräusche wie Schutzamulette wirken können, mag Sie zunächst vielleicht überraschen. Haben wir uns doch in unserer materialistischen Welt daran gewöhnt, nur dort Wirkung zu vermuten, wo man etwas anfassen kann. Dabei gehören Klänge zu den ältesten Talismanen der Menschheitsgeschichte.

Denken Sie nur einmal an die Gebetshörner der Tibeter. An die Rasseln der sibirischen und amerikanischen Schamanen. An die Osterratschen im Alpenraum und an die Kirchenglocken. Die sollen nämlich die Gläubigen nicht nur zum Gottesdienst rufen, sondern auch alle Dämonen aus der Gemeinde vertreiben.

Ein beliebter, wenngleich kaum als solcher registrierter Talisman ist die Babyrassel. Die vertreibt dem Kleinen nämlich nicht nur die Langeweile, sondern auch die bösen Geister, die sich seiner bemächtigen könnten.

Der Brauch, Kindern zu ihrem eigenen Schutz Rasseln in die Wiege zu legen, geht übrigens auf die Kelten zurück. Ihnen schien diesseitige und jenseitige Welt so eng miteinander verwoben, dass ein Hin- und Herwechseln leicht möglich war. Mit dem Klappern, so ihre Vorstellung, waren auch die Kleinsten in der Lage, Dämonen zurückzutreiben.

Das Rasseln und Klappern hat aber noch eine weitere Funktion. Wer sich diesen chaotisch wirkenden, doch in Wahrheit sehr rhythmischen Tönen überlässt, fällt leicht in Trance. Schamanen und Magier nutzen diesen Effekt ebenso wie das Militär, das genau aus diesem Grund jahrhundertelang ihre Fußsoldaten von Trommelwirbel begleitet in die Schlacht ziehen ließ.

Nun sind Kriege und Kriegsrituale zugegebenermaßen keine Glücksbringer. Und schamanistische Trancezustände bringen auch nur dann positive Ergebnisse, wenn man damit umgehen kann. Zur unreflektierten Nachahmung sind sie daher nicht geeignet. Gegen eine Rassel neben der Haustür als Schutz vor schlechten Energien spricht dagegen nichts. Wir haben eine ganz besonders lustige, die aus mehreren, übereinander liegenden Kronkorken besteht, die locker auf ein Stück Holz genagelt wurden. Da das Scheppern und Klappern, das sie hervorbringt, sehr lustig klingt, dient diese Rassel vor allem dazu, schlechte Laune zu vertreiben.

Einmal abgesehen von den bannenden Aspekten kann man Töne und Klänge aber auch als aktive Glücksbringer nutzen. Paare tun dies beispielsweise unbewusst, wenn sie ein Lied zu „ihrem" Lied erklären. Immer wenn sie diese Musik hören, wird in ihrem Unterbewussten die Kraft ihrer Liebe abgerufen und dadurch verstärkt.

Aber es muss nicht immer die Liebe sein. Ein prominentes Beispiel für einen Klangtalisman setzte der deutsche

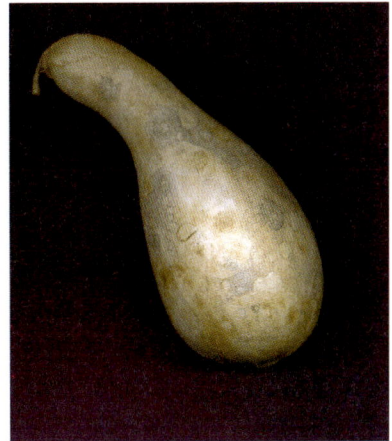

Ein getrockneter kleiner Kürbis gibt eine sanfte Rassel ab, wenn Sie Glück haben und er genügend Kerne enthält.

Wenn Sie ein Lied zu „Ihrem Lied" erklären, wird es Sie immer wieder an etwas Bestimmtes erinnern.

Boxer Henry Maske ein, der zu den Klängen von Vangelis' „Conquest of Paradise" in den Ring stieg.

Machen Sie es ebenso. Suchen Sie sich ein Musikstück, das in Ihnen Gefühle auslöst, die denen ähneln, wenn Sie ein bestimmtes Ziel erreichen. Machen Sie es sich gemütlich und hören Sie die Musik mehrfach. Dabei denken Sie darüber nach, woran Sie merken werden, dass Sie Ihr Ziel erreicht haben oder dass Ihr Wunsch in Erfüllung gegangen ist. Wenn Sie diesen Gedanken intensiv nachspüren, entsteht ein immaterieller Talisman mit ungeheurer Kraft.

Wählen Sie etwas Ausgefallenes als „Ihr Lied", damit die Wirkung nicht kontraproduktiv verpufft.

Ein Tipp am Rande: Wählen Sie ein Musikstück, das Sie nicht in jedem Kaufhaus vom Band vorgedudelt bekommen. Ansonsten besteht die Gefahr, dass Ihr musikalischer Talisman Sie bei der nächsten Shoppingtour so in Hochstimmung versetzt, dass Sie in einen unkontrollierten Kaufrausch verfallen.

Der Talisman des Lebens

Der weibliche Körper ist Quelle und Sinnbild des Lebens. In matriarchalen Kulturen wurde er als göttlich verehrt. Aber selbst so patriarchale Gesellschaften wie die hellenistisch-römische verehrte die Fruchtbarkeit als weibliche Gottheit.

Wenn Sie auf die Glück bringende Wirkung des weiblichen Körpers setzen – sei es, indem Sie selber einen weiblichen Akt malen, sei es, dass Sie sich eine Reproduktion eines berühmten Kunstwerkes an die Wand hängen –, hat das wenig mit Sexualität zu tun. Die Qualitäten eines derartigen Talismans sind weicher und umfassender. Ein nackter Frauenkörper ist ein Sinnbild für Fruchtbarkeit, Lebensmut und Harmonie.

Talismane der Liebe

Die weibliche Erotikkette

Sie suchen einen Talisman, der die weibliche Sexualität verstärkt? Der Sie bereit macht für die hingebungsvolle, bedingungslose, verschmelzende Liebe? Dann besorgen Sie sich am besten eine Muschelkette oder eine Kette, in der Muscheln und Perlen in Pastelltönen einander abwechseln. Sollten Sie auch drängende, Grenzen sprengende Ekstase in Ihrem Liebesreigen wünschen, sind einige zylindrisch geformte Meeresschnecken in dieser Kette sicherlich nicht fehl am Platze.

Reinigen und aktivieren lässt sich die Kette am günstigsten im vollen Licht des Mondes. Legen Sie sie zu diesem Zweck gemeinsam mit einer Hand voll Rosenblätter auf eine Silberschale. Tropfen Sie ein wenig Patschouli-Essenz darüber und denken Sie intensiv daran, was Sie von Ihrer Liebe erwarten. Vermeiden Sie dabei, diese Gedanken mit einer bestimmten Person zu verbinden. Vielleicht ist dieser Mensch nämlich gar nicht so geeignet, wie Sie sich das denken. Und es wäre doch schade, dem Talisman durch solch einen Fehler von vorneherein die Kraft zu nehmen.

Muscheln sind ein archaisches Symbol für weibliche Erotik und Sexualität.

Philemon und Baukis

Philemon und Baukis sind ein Paar aus der griechischen Mythologie. Arm, aber glücklich und zufrieden lebten sie in ihrer Hütte und gewährten als Einzige in ihrem Ort Göttervater Zeus eine wenn auch bescheidene Unterkunft. Zum Dank für ihre Gastfreundschaft stellte er ihnen einen Wunsch frei. So wünschten sich die beiden Alten, dass kei-

167

ner den anderen überleben sollte. Zeus erfüllte den beiden ihren Wunsch. Zunächst lebten sie noch viele Jahre als Priester eines Tempels zu Zeus´ Ehren. Und als sie starben, verwandelten sie sich in eine Eiche und eine Linde, deren Äste noch lange in harmonischer Zweisamkeit ineinander verschlungen waren.

Bis heute stehen diese beiden mythologischen Gestalten für die Harmonie und das Glück, das mit einer langjährigen Beziehung wachsen kann. Wohlgemerkt kann, nicht muss, wie viele Paare in leidvollen Beziehungsjahren feststellen müssen. Analysiert man die Sage etwas genauer, so stellt man fest, dass dieses Paar etwas ganz Besonderes auszeichnet: Beide bekannten sich gleichermaßen zur göttlichen Ordnung, in der sie lebten, zueinander und zu ihrer Beziehung.

Wenn Sie sicher sind, dass diese beiden Grundvoraussetzungen auch auf Sie und Ihren Partner zutreffen, dann können Sie es wagen, für den Bestand Ihrer Beziehung die Qualität von Philemon und Baukis in Ihr Heim zu holen. Doch wie gesagt, Grundvoraussetzung ist, dass beide Partner Werte und Weltbilder haben, die zusammenpassen, und dass Sie sich im gleichen Ausmaß zu der Beziehung bekennen. Ist dies nicht der Fall, riskieren Sie, sich an jemanden zu binden, der innerlich bereits dabei ist, weiterzuziehen. Und das bringt nur Unglück, Streit und Ärger.

Passen die Voraussetzungen, dann suchen Sie sich beim nächsten Spaziergang ein Stückchen Eichenholz und ein Stückchen Lindenholz, denen Sie so gut wie möglich die Form kleiner Holzfiguren geben. Wollen Sie es perfekter, dann können Sie auch ins nächste Spielzeuggeschäft gehen und dort kleine Holzpüppchen für Puppenstuben kaufen.

Wollen Sie gemeinsam alt werden? Dann ist dieser Talisman für Sie vielleicht der richtige.

168

Wieder zu Hause, legen Sie die Püppchen auf ein weißes Seidentuch und zünden eine rosarote und eine hellblaue Kerze an. Idealerweise ist Ihr Partner bei diesem Ritual dabei. Unterhalten Sie sich nun eine Weile darüber, was Harmonie und Frieden für Sie bedeutet. Kann Ihr Partner nicht an dem Ritual teilnehmen, denken Sie eine Weile über Ihre Sicht nach. Dann setzen Sie sich auf einen anderen Platz im Zimmer, um sich in Ihren Geliebten hineinzuversetzen. Überlegen Sie nun, was er zu dem Thema denkt. Setzen Sie sich schließlich auf Ihren ursprünglichen Platz zurück und versprechen Sie Ihrem Partner in Gedanken, seine Meinungen und Wünsche bei dem Ritual zu berücksichtigen.

Kurz bevor die Kerzen erlöschen, streichen Sie den Rauch über die Figürchen, reiben sie mit Jasmin-, Rosen- oder Veilchenöl ein. Nun suchen Sie den beiden einen besonders schönen Platz im Zentrum Ihrer Wohnung. Kümmern Sie sich regelmäßig um sie. Die Figuren sollten weder umfallen noch von anderen Dingen in den Hintergrund gedrängt werden oder verstauben.

Pflegen Sie Ihre Talismane. Sie sollten weder umfallen noch verstauben.

Vorsicht, vielen ist eine so dichte Beziehung zu eng.

Die Liebesmedizin

Sollten Sie auf der Suche nach einem liebenswerten Partner sein, könnten Sie Folgendes versuchen: Nähen Sie sich zunächst ein kleines Stoffsäckchen aus silbernem oder hellblauem Stoff, das Sie mit einer goldenen Kordel verschließen können.

Legen Sie sich nun eine Rose, eine Freesie, eine Silberdistel und einige Veilchen zurecht. Rosen und Freesien dürften Sie zu jeder Jahreszeit in einer guten Blumenhandlung bekommen. Manche haben sogar Disteln als

169

Schmuck. Wenn nicht, können Sie statt der Distel auch eine Getreideähre oder eine Nelke nehmen und statt der Veilchen Gänseblümchen, Heckenrosen oder Tulpen.

Sprechen Sie nun die Blumen einzeln an. Erzählen Sie der Rose, welche Energie Sie bei Ihrem Liebsten erwarten, welche Ausstrahlung er haben sollte und wie viel Fantasie Sie sich wünschen. Beschreiben Sie all diese Eigenschaften bis ins kleinste Detail, vermeiden Sie dabei aber bitte, an einen bestimmten Menschen zu denken. Und statt Ihrem noch unbekannten Geliebten eine ganze Hypothek von Anforderungen mit auf den Weg zu geben. Erklären Sie Ihre Wünsche von Ihrem Standpunkt aus betrachtet. Statt etwa zu sagen „Er sollte tatkräftig sein", formulieren Sie besser „Ich fühle mich von seinem Tatendrang mitgerissen" oder „Er macht mir Lust, selber aktiv zu werden".

Ganz ähnlich verfahren Sie mit der nächsten Blume, der Freesie. Ihr erklären Sie, wie sich die geistigen Fähigkeiten Ihre künftigen Geliebten in Ihnen bemerkbar machen; wie Sie sich von ihm beispielsweise angeregt fühlen, wieder mehr zu lesen, ins Theater zu gehen oder alte Fremdsprachenkenntnisse aufzufrischen. Dies ist aber auch die Gelegenheit, Ihre Vorstellungen von Ausgeglichenheit und Harmonie zu formulieren und was dies bei Ihnen auslöst. Schließlich können Sie hier auch Ihre optischen Wünsche deponieren. Aber bitte sagen Sie nicht, er muss 1,95 Meter groß, schwarzhaarig und breitschultrig sein. Wünschen Sie sich lieber einen Partner, den Sie gerne ansehen und bei dessen Anblick Sie sich wünschen, Ihren Kopf auf seine Schulter zu legen, ihn zu berühren und zu verführen.

Distel oder Kornähre sind die Ansprechpartner für Ihre erotischen Wünsche, aber auch Ihre Wünsche bezüglich Zuverlässigkeit und Seriosität. Und wieder gilt: Sagen Sie nicht: „Er soll sparsam sein und abends spätestens um 19 Uhr nach Hause kommen." Wer weiß, vielleicht geht Ihnen dies ja nach kurzer Zeit furchtbar auf die Nerven. Und was

Sprechen Sie mit den Blumen, die Sie für Ihren Talisman verwenden, und sagen Sie ihnen, was Sie sich vorstellen.

Formulieren Sie genau, aber offen!

er vor 19 Uhr getrieben hat, muss auch nicht unbedingt Vertrauen erweckend gewesen sein. Wünschen Sie sich lieber einen Partner, auf den Sie sich in Ihrem tiefsten Inneren verlassen können, egal, wann er nach Hause kommt und egal, wofür er den Tag über sein Geld ausgegeben hat.

Mit Ihren Wünschen an die Gefühle sind Sie schließlich bei den Veilchen oder Tulpen an der richtigen Adresse. Und wieder gilt: Auch wenn es noch so verlockend ist, wünschen Sie sich keinen Partner, der Sie liebt. Wünschen Sie sich lieber einen, von dem Sie sich geliebt fühlen. Denn manchmal liegt das Problem gar nicht beim anderen, sondern bei einem selber. Es gibt gar nicht so wenige Paare, bei denen ein Partner den anderen zutiefst liebt. Nur wie das Leben manchmal so spielt, will der von Herzen Geliebte das nicht wahrhaben und wirft dem Liebenden mangelnde Gefühle vor.

Haben Sie dieses Ritual in Ruhe durchgeführt, trocknen Sie die Blüten mehrere Tage in einer silbernen Schale. Bevor Sie sie in das Stoffsäckchen füllen, tropfen Sie noch etwas Rosenöl darüber und verstauen den Beutel dann möglichst nah an Ihrem Körper.

Diesen Talisman sollten Sie dicht an Ihrem Körper tragen.

Talisman für einen erholsamen Schlaf

Der Traumfänger

Traumfänger sind in den letzten Jahren bei uns beliebte Accessoires für das Schlafzimmer geworden. Menschen mit Schlafproblemen benutzen sie in der Hoffnung, dank ihrer Hilfe leichter einschlafen zu können, weil sie böse Träume von ihnen fernhalten, Schüler erhoffen sich von ihnen vor einer Prüfung, dass das Gelernte über Nacht in ihrem Kopf festgehalten wird.

Die Traumforschung unterscheidet grundsätzlich zwischen zwei verschiedenen Traumqualitäten: dem ganz gewöhnlichen Traum, bei dem die Seele spazieren geht, und dem großen Traum, dem von vielen Kulturen weissagende Kraft zugeschrieben wird.

Große Träume zeichnen sich dadurch aus, dass sie sich mehrfach wiederholen und auf Dinge aufmerksam machen, von denen für den Träumenden möglicherweise Gefahr ausgeht.

Wer einen großen Traum hat, tut gut daran, ihn in einer abgeschwächten, ungefährlichen Form wahr werden zu lassen, um das Unglück abzuwenden.

Traumfänger halten wichtige Träume fest und verhindern, dass die Seele sich nachts zu weit vom Körper entfernt.

Traumfänger spielen bei diesen Vorstellungen unterschiedliche Rollen. Einerseits fängt das Netz die wirklich wichtigen, großen Träume für den Schlafenden ein, damit er keine wichtigen Informationen verpasst. Es hindert seine Seele aber auch, sich im Schlaf zu weit vom Körper wegzubewegen. Die Federn verscheuchen schlechte Energien, Perlen, Pferdehaare und Muscheln versehen die Luft, die der Schläfer einatmet, mit hilfreichen Kräften, die ihn dabei unterstützen, sich im Schlaf zu erholen.

Unabhängig von den Traditionen der nordamerikanischen Ureinwohner tauchen im Traumfänger weltweit gültige archaische Bilder auf. Er besteht aus einem Kreis, der Schutz versinnbildlicht, und einem Netz, in dem sich Energien fangen können. Darüber hinaus werden Traumfänger traditionell mit kleinen bunten Perlen, Muscheln, Federn und Pferdehaar geschmückt. Und in diesem Schmuck begegnen uns wiederum die vier Elemente: die Muscheln stehen für das Wasser und damit die Welt der Gefühle, Federn für die Luft und damit für die Welt der Gedanken. Braune, grüne und durchsichtige Perlen repräsentieren die Erde und damit das Körperliche, das Haar des Mustangs steht für das Feuer und damit für Durchsetzungskraft und Energie.

Auch im Schmuck des Traumfängers begegnen uns die vier Elemente.

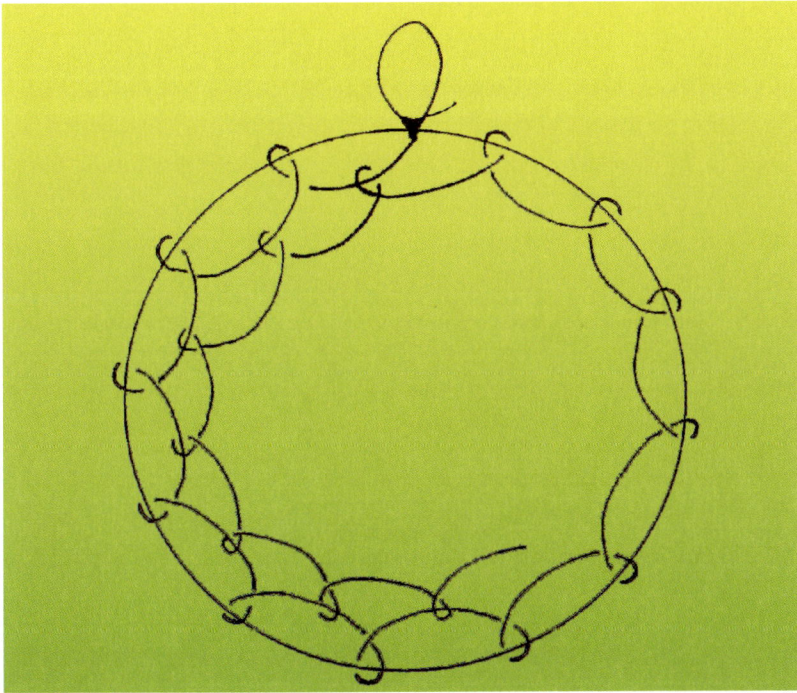

Sollten Sie sich einen Traumfänger kaufen, sollten Sie ihn jedenfalls gründlich einem Reinigungsritual mit Hilfe des Elementes Luft unterziehen. Je nachdem, ob Sie eher Albträume abwehren oder gute Träume anziehen wollen, verändern Sie die Räuchermischung. Gegen schlechte Träume haben sich Sandelholz und Johanniskraut gut bewährt, gute Träume werden von Weihrauch und Myrte. Schüler und Studenten, die die Nacht nutzen wollen, um noch einmal unbewusst das Gelernte durchzugehen, sollten zu Wacholder greifen, um den Traumfänger zu reinigen und zu aktivieren.

Einen gekauften Traumfänger sollten Sie reinigen und neu programmieren.

Besser ist es jedoch, sich einen Traumfänger gleich selber zu basteln. Dabei haben Sie Gelegenheit, ihn bereits bei der Anfertigung mit Ihren Gedanken zu programmieren und aufzuladen. Schneiden Sie zu diesem Zweck einen Weidenzweig. Bitte denken Sie daran, sich bei dem Baum für seine Gabe zu bedanken. Diesen Zweig binden Sie zu

einem kleinen Reifen zusammen. Für das Netz benötigen Sie festes, weißes Garn. Umschlingen Sie nun den Reifen dreizehnmal gleichmäßig mit einem lockeren Knopflochstich und arbeiten sich dann in Spiralen nach innen vor, wobei die Stiche immer straffer werden. Knüpfen Sie in loser Folge Perlen oder durchbohrte Muscheln in Ihr Netz und befestigen Sie kleine Vogelfedern. Sind Sie im Mittelpunkt Ihres Traumfängers angekommen, verknoten Sie das Ende des Fadens mit einer Perle. Am Rand des Reifes können Sie nun Pferdehaarbüschel anbringen.

Das Rosshaar ist übrigens nicht leicht zu bekommen. Pferdebesitzer sind sehr geizig, was den Haarschmuck ihrer Tiere betrifft, da Schweif- und Mähnenhaare nur sehr langsam wachsen. Dass Sie die Haare fremden Pferden auf der Weide nicht einfach ausreißen dürfen, versteht sich wohl von selbst. Doch selbst wenn Sie einen Freund oder eine Freundin haben, die gewillt ist, Ihnen Haare ihres Pferdes zu schenken, müssen Sie etwas zum Ausgleich anbieten. Sonst entsteht eine energetische Schieflage. Sollten Sie nicht in der Lage sein, geeignetes, langes Rosshaar aufzutreiben, können Sie vorübergehend auch rote Wollfäden nehmen. Wenn es für Sie wirklich notwendig ist, wird Ihnen das richtige Originalmaterial schon irgendwann „zufallen".

Talisman für die Gesundheit

Die Möbiusschleife ist nicht nur ein Zeichen für die Unendlichkeit. Sie relativiert auch die Grenzen unseres polaren Denkens. Nehmen Sie einen Streifen Papier, dessen Enden Sie um 180 Grad verdreht aneinander kleben. Das Ergebnis sieht aus wie das Zeichen für die Unendlichkeit:

∞

Nun wäre die Unendlichkeit schon ein schönes Symbol für Gesundheit und langes Leben. Unendlich viel wirksamer wird die Möbiusschleife aber dadurch, dass man sich mit ihrer Hilfe Gedanken über die Natur von Grenzen machen kann und darüber, was man unternehmen muss, um diese Grenzen zu überschreiten. Was ist oben, was unten; und was muss ich tun, um von oben nach unten zu kommen? Das ist einfach zu beantworten.

Wenn Sie das glauben, dann machen Sie doch ein Experiment: Nehmen Sie einen Stift und fahren Sie immer auf einer Seite Ihrer Schleife entlang. Drehen Sie das Papier nie um. Hier wird nicht verraten, was passiert. Versuchen Sie es einfach. Und dann erklären Sie einmal, wie man Grenzen überschreitet. Wie man festlegt, was Gegenüber, was vor und was hinter einem liegt. Bewegt man sich eine halbe Runde auf der Schleife, wird der gegenüberliegende Punkt zu einem zurückliegenden; der wiederum zu einem zukünftigen wird, sobald man seinen Weg fortsetzt.

Wird die Botschaft deutlich? Übertragen Sie diese Gedanken auf Gesundheit und Krankheit und plötzlich wird deutlich, dass die Grenze dazwischen kaum eindeutiger definiert ist als jene zwischen Oberseite und Unterseite auf dem Möbiusband.

Sollten Sie diese Erkenntnis für ein Amulett nutzen wollen, müssen Sie sich nur eine kleine Metallscheibe mit Loch besorgen, in die Sie mit Hilfe eines Drillbohrers das Zeichen für Unendlichkeit einritzen. Sie werden vielleicht nicht sofort gesund wie ein Neugeborenes, haben sich aber zumindest mit der Gestaltbarkeit der Grenzen zwischen Gesundheit und Krankheit auseinander gesetzt. Und das ist

Die Möbiusschleife lädt dazu ein, über die Natur von Grenzen nachzudenken. Was ist oben? Was ist unten?

Ein Amulett mit diesem Symbol ist nach dieser Vorbereitung rasch fertig.

erfahrungsgemäß der wichtigste Schritt auf dem Weg zu mehr Lebensqualität.

Glücksbringer für Ihre Sicherheit

Das Abrakadabra

Ein altes Schutzamulett ist das Abrakadabra. So erwähnt es bereits Aggrippa v. Nettesheim, einer der bekanntesten europäischen Magier Anfang des 16. Jahrhunderts, in seinen Schriften und beruft sich dabei auf die Werke der Mystiker und der mosaischen Geheimlehre der Kabbala. Das Abrakadabra ist ein alter Wortzauber, der gegen Krankheiten, Feuer- und Wassernot, gegen die Gewalt von Waffen sowie Feinde und böse Geister eingesetzt wurde. Zudem sollte es den Reisenden in der Fremde schützen. In der Variante des kaiserlichen Arztes Georg Pictorius aus Villingen wurde das Amulett dadurch geformt, dass man das Wort Abrakadabra so lange untereinander schrieb und den letzten Buchstaben wegließ, bis ein Dreieck entstand, dessen Endbuchstaben das Wort „abrakadabra" ergaben:

abrakadabra
abrakadabr
abrakadab
abrakada
abrakad
abraka
abrak
abra
abr
ab
a

Pictorius beruft sich in seiner Beschreibung auf einen gewissen Serenus Samonicus, der schwöre, mit einem derart beschrifteten Amulett noch jegliches Fieber geheilt zu haben.

Die guten Begleiter für Ihr Kind

Delfin und Schildkröte gelten seit jeher als geeignete Amulette für Kinder. Vermutlich steht beim Delfin dessen Verspieltheit im Vordergrund der Symbolik, bei der Schildkröte ihre Langlebigkeit und ihr fester Panzer.

Weitere heutzutage noch immer sehr beliebte Amulettmotive für Kinder sind das Kreuz, Marienmedaillons oder – wenn es weniger christlich sein soll – das jeweilige Tierkreiszeichen des Trägers.

Ein sehr schöner, kindgerechter Talisman, den man in vielen Schmuckgeschäften und manchmal sogar in Kaffeeröstereien bekommt, ist der Harlekin. Wie der Kobold gilt er als fabelhafter Hüter des Lachens, der seinem Träger mit

Wenn Sie Ihrem Kind einen Harlekin an die Seite stellen wollen, muss es keine alte Figur der Commedia dell'Arte sein, ein simpler Spielzeugharlekin tut es genauso.

Als Symbol für Verspieltheit ist ein Harlekin auch für viele Erwachsene ein gutes Amulett.

guter Laune durchs Leben hilft. Man kann auch selber ein Püppchen aus Stoff nähen und dem Kind zum Spielen schenken oder es auch selber mit sich herumtragen. Ein wenig Verspieltheit hat noch keinem Erwachsenen geschadet, der die Qualitäten von kindlich und kindisch auseinander halten kann.

Der Milchzahn

In den 60er- und 70er-Jahren waren in Gold gefasste Milchzähne ein beliebter Schmuck für junge Muttis. Mittlerweile sind diese Halskettchen aus der Mode gekommen. Das mag daran liegen, dass Mutterschaft nicht mehr der wichtigste Erfolgsnachweis für junge Frauen ist. Trotzdem ist es schade, dass dieses höchst wirksame und in seinen Eigenschaften sehr differenzierte Amulett aus der Mode gekommen ist. Diejenigen, die auch heute noch derartige Amulette tragen, tun dies oft, um dem Kind, von dem der Zahn stammt, besonders nah zu sein. Und wenn dieser Wunsch sehr stark ist, kommt auch tatsächlich Nähe zu Stande. Dabei werden jedoch einige weitere, wesentlich kräftigere Bedeutungen übersehen.

Milchzähne sind aus der Mode gekommen, aber eigentlich ein machtvolles Amulett, hinter dem mehr steckt als nur wehmütige Erinnerung.

Der Milchzahn ist einerseits ein Zeichen der Reinheit und der kindlichen Unschuld. Der Zahnwechsel – und erst durch ihn kommt der Träger zu seinem Amulett – ist aber andererseits auch ein deutlich sichtbares Zeichen der Entwicklung. Die Milchzähne ermöglichen dem Säugetier den Umstieg von der Muttermilch auf feste Nahrung. Man bekommt keine Nahrung mehr, die nur für einen selbst bestimmt ist, sondern muss sie sich mit mehreren anderen teilen. Sie sind demnach erste Werkzeuge in Richtung Selbstständigkeit und Selbstbehauptung.

Doch irgendwann sind diese Zähne nicht mehr wirksam genug und werden durch größere, stärkere ersetzt. Dies ist nicht nur ein körperlicher Prozess, der langwierig, bisweilen schmerzhaft und phasenweise blutig verläuft, sondern auch ein psychischer. Man muss etwas loslassen, was einem in der Vergangenheit gute Dienste geleistet hat, weil es für die Zukunft nicht mehr ausreicht. Man muss zeitweise eine Lücke akzeptieren, um für etwas Neues, Stärkeres, Zukunftstaugliches Platz zu machen.

In diesem Sinn sind Milchzahnamulette Glücksbringer in Zeiten der Trennung. Vor allem, wenn sich Kinder abzunabeln beginnen oder sich Partner entfernen, kann das Amulett helfen, den damit verbundenen Schmerz zu akzeptieren und Platz für neue Beziehungsqualitäten zu schaffen.

In jüngster Zeit treten neben die klassischen Säuglingszähne Zähne von Pferden. Diese Zähne bergen als Talismane noch weitere Aspekte. Das Pferd ist trotz seiner Stärke Herdentier und Fluchttier zugleich. Damit kommt das Thema Nähe und Distanz ins Spiel. Von einem Amulett aus Pferdemilch können Sie sich Unterstützung erbitten, wenn es darum geht, den richtigen Platz in einer neuen Gemeinschaft – etwa am Arbeitsplatz, in der Schule oder an einem neuen Wohnort – zu finden.

Gereinigt und aktiviert wird ein Milchzahnamulett übrigens am besten mit dem Rauch violetter Kerzen. In Gold gefasst bekommen sie noch zusätzliche Energie für Ihre Entwicklung.

Milchzähne von Pferden verstärken den Aspekt der Abnabelung in dem Amulett, in dem sie ihren Platz haben.

Der Alltagsbegleiter

Einen einfachen, aber hilfreichen Begleiter durch den Tag können Sie sich aus einem Tarotkartendeck ziehen. Das Wichtigste, das Sie für einen derartigen Talisman benötigen, sind – neben dem Satz Tarotkarten – zehn ungestörte Minuten. Suchen Sie die 22 Trümpfe aus dem Deck heraus. Mischen Sie diese Karten gut durch, heben Sie dreimal mit

179

Verlassen Sie sich auf Ihr Gefühl, wenn Sie die Tageskarte ziehen. Eine wird sich anders anfühlen als der Rest des Stapels.

der linken Hand ab und führen Sie sie wieder zu einem Stapel zusammen. Nun breiten Sie die Karten verdeckt als Fächer vor sich aus. Schließen Sie die Augen und fahren Sie mit der linken Hand über die Kartenrücken. Die Karte, von der Sie sich am stärksten angezogen fühlen, heben Sie auf und drehen sie um.

Sollten Sie sich mit der Symbolik des Tarot nicht ausreichend auskennen, lesen Sie am besten in einem der einschlägigen Bücher nach. Wir empfehlen – da wir selbst mit dem Crowley-Tarot arbeiten – die Serie von Gerd Ziegler. Aber es sind auch andere gute Bücher am Markt.

Lassen Sie die Erklärung einige Minuten mit geschlossenen Augen auf sich wirken und stellen Sie sich vor, wie sich die positiven Eigenschaften der Karte als unsichtbarer Begleiter an Ihre Seite stellen. Erschrecken Sie bitte nicht, sollten Sie den Tod oder den Gehängten ziehen. Diese Karten symbolisieren keine schrecklichen Krankheiten oder Unfälle, die Ihnen an diesem Tag widerfahren könnten. Im Gegenteil: Der Tod hat viel mit Entwicklung und Neustart zu tun, der Gehängte mit festgefahrenen Perspektiven, die Sie an diesem Tag vielleicht überwinden können.

Wenn Sie den Tagestrumpf nach intensiver Betrachtung an Ihren Badezimmerspiegel stecken, kann er Ihnen beim morgendlichen und beim abendlichen Zähneputzen zuschauen. Sollten Sie Ihren Glücksbringer allerdings näher bei sich wissen wollen, können Sie ihn auch in die Tasche stecken und mit sich herumtragen.

Erfahrungsgemäß ist es günstig, den Trumpf so lange aktiv zu lassen, bis Sie den Impuls verspüren, einen neuen zu ziehen. Das heißt, ein Trumpf kann Sie auch mehrere Tage bis hin zu einigen Wochen begleiten. War eine Karte besonders lange im Einsatz oder hatten Sie das Gefühl, besonders intensiv begleitet worden zu sein, sollten Sie sie über Räucherwerk reinigen, bevor Sie sie in den Kartenstapel zurücklegen.

Talismane, die Geld ins Haus bringen

Wer wünscht sich kein Leben im Überfluss? Und so träumen viele Menschen vom großen Glückslos, vom Lottogewinn oder der erfolgreichen Teilnahme in einer der zahlreichen, gut dotierten Quizsendungen im Fernsehen. Erfahrungsgemäß geht es einem jedoch bedeutend besser, wenn statt des einen, riesengroßen Gewinns über einen längeren Zeitraum hindurch kleine Geldbeträge ins Haus tröpfeln.

Wenn Ihnen dies auch erstrebenswerter erscheint, probieren Sie doch einen der folgenden Talismane aus:

Der Silberling

Ein seit langem in unseren Breiten gerne verwendeter Talisman ist die Schuppe des Karpfens. Üblicherweise wird sie zum Jahreswechsel in die Geldbörse gelegt, damit sie im Laufe des kommenden Jahres niemals leer werden möge. Die Magie dieses Talismans beruht auf mehreren Aspekten:

Die glänzende, runde Schuppe des Karpfens sieht wie eine Silbermünze aus, woher der Talisman auch seinen Namen hat.

Das Schuppenkleid des Fisches ist generell ein sehr effektiver, gleichzeitig aber auch sehr beweglicher Schutz.

Und zum dritten gilt der Karpfen vielen Völkern der Erde als Symbol für Fruchtbarkeit und Überfluss, Beharrlichkeit und Reichtum. Bereits die Römer hatten den Karpfen zum Liebling der Götter erklärt und der Göttin Venus geweiht.

Traditionell landet der Karpfen vor allem im süddeutschen und böhmischen Raum am Sil-

Talismane, die Geld ins Haus bringen, gibt es viele. Pflanzen wie dieser Pfennigbaum wirken durch die Form ihrer Blätter symbolisch.

vesterabend auf dem Teller. Um seine Symbolkräfte ins nächste Jahr zu retten, war es üblich, kleine Speisereste bis zum Neujahrsmorgen stehen zu lassen.

Sie müssen den Karpfen allerdings nicht unbedingt essen, um seinen Silberling in die Brieftasche stecken zu können. Bitten Sie in einem Fischgeschäft um eine Karpfenschuppe. Reinigen Sie sie zunächst unter fließendem kaltem Wasser. Danach sollten Sie sie für einige Tage gemeinsam mit Dotterblumen, Dahlien oder Hortensien in eine Schale legen.

Laden Sie die Karpfenschuppe mit der Energie von Blüten auf, die Energie und Reichtum versprechen – durch ihre Farbe oder die Fülle ihrer Blüten.

Sollten Sie derartige Blumen nicht zur Hand haben, etwa, weil Sie den traditionellen Zeitpunkt des Silvesterabends für Ihr Ritual gewählt haben, können Sie auch Ginseng, Salbei oder Thymian nehmen. Nach etwa einer Woche ist die Schuppe so gut aufgeladen, dass Sie sie in Ihre Geldbörse stecken können. Sie werden sehen, im Laufe der nächsten zwölf Monate wird Ihr Portmonee nicht leer werden.

Der Glückspfennig

Den Glückspfennig kann man aufgrund seiner Beliebtheit und weiten Verbreitung fast schon als banal bezeichnen. Zunächst müssen Sie sich einfach auf Ihr Glück verlassen und warten, bis Sie zufällig eine kleine Münze auf der Straße finden. Früher waren es 1-Pfennig-Stücke, heute sind es 1-, 2- oder 5-Cent-Stücke. Daher müsste man genau genommen auch vom Glückscent und nicht vom Glückspfennig sprechen.

Den Glückspfennig müssen Sie finden, damit er wirkt.

Sollten Sie nun eines schönen Tages eine Münze finden, heben Sie sie auf und spucken sie dreimal symbolisch an. Das Centstück ist zwar der denkbar kleinste Teil unseres Geldsystems, aber er besitzt im Prinzip alle Eigenschaften, die unser Geldwesen im Ganzen hat. Man kann also sagen, dass er das Geld an sich repräsentiert. Genauso verhält es sich mit jedem Teil von Ihnen, auch mit Ihrer Spucke, von der Sie sich sozusagen vertreten lassen können. Durch das dreimalige Anspucken schaffen Sie eine symbolische Verbindung zwischen dem Cent als Repräsentanten von Geld und Wohlstand und Ihrer Person.

Sie sollten Ihren Glückspfennig in einem eigenen Fach in Ihrem Portmonee verwahren und nicht bei erster Gelegenheit gleich wieder ausgeben. Schließlich soll er ja noch eine Weile den Geldstrom fließen lassen.

Der goldene Weg

Sie wollten schon immer einmal über eine goldene Brücke gehen? Warum tun Sie es nicht einfach? Nehmen Sie eine möglichst kleine Goldmünze – eine vergoldete reicht übrigens auch. Zünden Sie in der nächsten Neumondnacht drei gelbe Kerzen an und legen Sie die Münze in die Mitte dieser Kerzen. Holen Sie jenes Paar Schuhe, das Sie am liebsten tragen, und stellen es ebenfalls in den Schein der Kerzen.

Versenken Sie sich nun in die Vorstellung, was Sie bislang beruflich gemacht haben und wie Sie dafür bezahlt wurden. Sobald Sie merken, dass Sie an einem Punkt in Ihrem Leben angekommen sind, an dem Sie einfach mehr für Ihre Arbeit verdienen, nehmen Sie die Münze in Ihre linke Hand. Stellen Sie sich nun vor, wie Sie Ihren Lebensweg weitergehen. Sie werden merken, wie die Münze in Ihrer Hand andere Münzen anzuziehen versucht. Wenn Sie das Gefühl ganz deutlich spüren können, dann nehmen Sie die Münze und schieben sie unter die Innensohle Ihres rechten Schuhes. Ziehen Sie die Schuhe nun an und beobachten Sie die Kerzen noch eine Weile beim Abbrennen. Es kann sein, dass die Kerzen zunächst etwas flackern. Doch

Wie kleine silberne Säckchen ragen die Früchte des Erbsenbaumes in den Himmel – ein natürliches Sinnbild für Reichtum.

nach einiger Zeit werden sie stabil und kraftvoll brennen. Am besten ist es, wenn Sie die Kerze ganz herunterbrennen lassen. Sollte dies nicht möglich sein, blasen Sie sie keinesfalls aus, sondern benutzen Sie Ihre angefeuchteten Finger, um sie zu löschen. Sollte die Münze Sie drücken, können Sie ruhig ein Pflaster als Schutz darüberkleben.

Beim Antritt eines neuen Jobs empfiehlt es sich übrigens, neue Schuhe anzuschaffen und sie auf die geschilderte Weise zu aktivieren. So sind Sie sicher, dass Sie keinen alten Staub, keine alten Belastungen auf den neuen Weg mitnehmen.

Sollten Sie sich zu diesem Zeitpunkt keine neuen Schuhe kaufen können oder wollen, dann reinigen Sie die alten zunächst einmal auf die ganz herkömmliche Weise mit Schuhbürste und Schuhcreme. Danach entzünden

Reinigen Sie Schuhe (und Räume) von alten Energien mit dem Rauch von getrocknetem Salbei.

Sie ein wenig Räucherkohle in einem feuerfesten Gefäß und krümeln etwas getrockneten Salbei darüber. Den entstehenden Rauch lassen Sie über die Schuhe streichen. Erst dann sind die Schuhe bereit, neben die Kerzen gestellt zu werden.

Eine Variante dieses Talismans funktioniert übrigens auch, wenn man das Gefühl hat, für seinen privaten Einsatz in der Familie, der Partnerschaft oder dem Freundeskreis nicht die richtige Anerkennung zu bekommen.

Tauschen Sie die gelben Kerzen gegen rote und stellen wiederum Ihr Paar Lieblingsschuhe in den Schein des Kerzenlichtes. Bei der folgenden gedanklichen Aktivierung ist es wichtig, dass Sie sich vorstellen, wie es Ihnen künftig immer besser gelingt, Ihren Lieben zu sagen, was Sie als Gegenleistung für Ihren Einsatz erwarten. Die Münze symbolisiert in diesem Fall nämlich weniger finanzielle Vorteile als eine angemessene Gegenleistung der anderen, in welcher Art Sie sich diese auch immer wünschen. Nehmen Sie nun den linken Schuh, um die Münze hineinzugeben, und beobachten Sie weiter die Kerzen und ihren Schein. Beenden Sie das Ritual wiederum dadurch, dass Sie die Kerze mit angefeuchteten Fingern ausdrücken.

Die sieben fetten Jahre

Nutzen Sie einen Sommerspaziergang auf dem Land, um sieben reife, volle Kornähren zu pflücken. Legen Sie diese Ähren in der nächsten Vollmondnacht für mindestens eine Stunde ins Mondlicht. Konzentrieren Sie sich in dieser Zeit ganz darauf, wie der Getreidesamen von der Kraft des Mondes genährt und aktiviert wird. Versuchen Sie, die Bereitschaft des Korns zu spüren, Sie in den kommenden Wochen und Monaten zu nähren. Und vergessen Sie nicht, sich bei der Erde zu bedanken, dass sie diese sichere Nahrungsquelle für Sie wachsen und gedeihen ließ. Gegen Ende des Rituals bedanken Sie sich auch beim Mond für seine Unterstützung, verbeugen sich vor den Ähren und stecken sie vorsichtig zusammen mit einigen Krümeln Erde in ein kleines, nach Möglichkeit gelbes Stoffsäckchen mit einer silbernen Kordel zum Zuziehen. Bewahren Sie dieses Säckchen auf Ihrem Hausaltar oder an einem anderen Ort in Ihrem Haus, der ganz Ihren spirituellen Helfern vorbehalten ist.

Sollten Sie einen derartigen Geldtalisman just in einer Zeit benötigen, in der gerade kein Korn auf den Feldern reift, können Sie auch sieben Weizenkörner mit unverletzter Schale nehmen und mit ihnen das oben beschriebene Aktivierungsritual durchführen.

Falls Sie keine Ähren bekommen, nehmen Sie gute Weizenkörner für diesen Reichtumstalisman.

185

Reis symbolisiert nicht so sehr Fülle wie die Erfüllung der materiellen Grundbedürfnisse.

Sie können diesen Talisman auch in Form eines Amulettes nutzen.

Besorgen Sie sich zunächst eine kleine Silberscheibe mit einem Anhänger. Reinigen Sie diese Scheibe etwa fünf Minuten unter fließendem kaltem Wasser. Dann ritzen Sie mit einem Drillbohrer sieben stilisierte Ähren auf diese Scheibe. Sollten Sie nicht viel Übung mit derartigen Gravuren haben, empfiehlt es sich, zunächst das Motiv mit einem Bleistift auf einem Stück Papier festzuhalten und danach einige alte Metallstücke zur Probe mit den Ähren zu verzieren. Sollten Sie es alleine nicht schaffen, so können Sie auch einen Juwelier bitten, ein Amulett nach Ihrer Vorlage herzustellen.

Zur Aktivierung des Amuletts gehen Sie dann ebenso vor wie beim Talisman. Sie legen es in einer Vollmondnacht ins Mondlicht und konzentrieren sich auf die Gewissheit, dass Ihnen in nächster Zeit nichts zum Leben fehlen wird. In regelmäßigen Abständen sollten Sie es allerdings reinigen, besonders wenn Sie es ständig tragen.

Der Talisman für den angemessenen Lohn

Eine Variante des Talismans der sieben fetten Jahre ist der Talisman für einen angemessenen Lohn.

Ausgangspunkt dieses Glücksbringers ist ein kleiner Pfenningbaum, der nach Möglichkeit auf einem dunkelblauen Teller stehen sollte. Suchen Sie sich sieben unversehrte Eicheln, legen Sie sie in der nächsten Vollmondnacht ins Mondlicht und konzentrieren Sie sich auf das Gefühl, wie Ihre beruflichen Qualitäten anerkannt und honoriert werden. Legen Sie danach die Eicheln rund um den Topf Ihres Pfenningbäumchens auf den Teller und suchen Sie für die Pflanze einen Platz, auf dem sie nicht direkt in der prallen Sonne oder über einem Heizkörper steht.

Erfahrungsgemäß wirkt dieser Talisman besonders gut, wenn man ein geeignetes Plätzchen im Südwesten der Wohnung oder des Hauses findet. Arbeitet man außer Haus, kann man ihn aber auch im Eingangsbereich platzieren. Jedes Mal, wenn man aus beruflichen Gründen das Haus verlässt, kann man mit einem kurzen Blick Kontakt zu ihm aufnehmen und ihn um seine Unterstützung bitten.

Doch Vorsicht, ein derartiger lebender Talisman braucht Ihre besondere Aufmerksamkeit. Wenn Sie Ihr Pfenningbäumchen vertrocknen oder anderweitig verkommen lassen, dann kann sich die unterstützende Kraft des Talismans auch in ihr Gegenteil verkehren.

Mit der Zeit werden die Eicheln ein wenig eintrocknen. Das macht nichts. Nach einem Jahr sollten Sie sie allerdings austauschen. Tragen Sie sie zu diesem Zweck zurück in die Natur. Suchen Sie einen Platz in der Nähe einer Eiche, wo Sie die Eicheln einige Zentimeter tief vergraben, um sie der Natur zurückzugeben. Vergessen Sie dabei nicht, sich für die Unterstützung im vergangenen Jahr zu bedanken. Dann sind Sie frei, um sich für das kommende Jahr sieben neue Eicheln zu suchen.

> Lassen Sie Ihren Geldbaum nicht verkümmert, sonst verkümmer auch seine Wirkung auf der symbolischen Ebene.

> Düfte speichern Emotionen, Überzeugungen und Glaubenssätze. Machen Sie sich das zu Nutze!

Der Duft des Wohlstandes

Haben Sie schon einmal das Gefühl gehabt, dass Sie Unglück und Krankheit „riechen" können? Dieses Gefühl ist gar nicht so weit hergeholt. Unser Geruchssinn ist jener Sinn, der am tiefsten mit unserem Unterbewussten verbunden ist und den wir anders als unsere Augen nicht einfach verschließen können.

187

Eine Duftscheibe wird mit Duftöl beträufelt und gibt dieses dann in den nächsten Stunden gleichmäßig ab, ohne dass Sie eine Kerze entzünden müssen.

Interessanterweise werden uns schlechte Informationen, die wir auf diesem Weg empfangen, jedoch bewusster als die guten. Doch keine Sorge, es gibt auch die positiven.

Nutzen Sie diese Magie der „duftenden Botschaft" und nähen Sie sich ein kleines, dunkelblaues oder schwarzes Stoffsäckchen, in das Sie Minze und Basilikum als Spender von Wohlstand und Schutz sowie Thymian als Quelle der Kraft hineingeben. Tragen Sie dieses Säckchen immer dann bei sich, wenn Sie es mit Menschen zu tun haben, die sie für Ihre Arbeit nicht angemessen bezahlen. Das kann der Chef, der Ihre Gehaltsvorstellungen ignoriert, ebenso sein wie eine Freundin oder Verwandte, die ständig nur etwas von Ihnen will und selber nichts zurückgibt.

Reinigen Sie Ihren Talisman mit dem Rauch einer weißen Kerze und verbrennen Sie zum Aktivieren einige Kräuterkrümel. Denken oder sagen Sie dazu leise die folgenden Worte: „Ich weiß, dass ich das verdienen werde, was mir zusteht. Ich möchte, dass ihr dies auch wisst."

Wenn Sie ohnehin mehrere ätherische Öle zu Hause haben, stellen Sie doch Ihre persönliche „Geldmischung" zusammen. Zimt oder Vanille kann darin auf keinen Fall schaden. Diese Öle vermischen Sie mit einem Trägeröl, füllen Sie in einen schönen Flakon, der durch seine wertvolle Anmutung allein schon Reichtum symbolisiert, und setzen sie immer dann ein, wenn Sie mit Geld zu tun haben oder gern welches hätten.

Im Büro oder über Nacht können oder mögen Sie vielleicht keine Duftlampe entzünden. Um trotzdem im Duft des Wohlstandes zu baden, verwenden Sie stattdessen einen Duftstein, das ist ein Stein aus porösem Material, der das Öl aufnimmt und langsam abgibt.

Nachwort

Unser Streifzug durch die Welt der Talismane und Amulette ist damit abgeschlossen. Vielleicht war etwas dabei, von dem Sie sofort gesagt haben, das ist meins, das werde ich sicher ausprobieren. Anderes wird Ihnen vielleicht später im Leben hilfreich sein.

Bei Talismanen, die Sie in Ihr Leben Einzug halten lassen, und bei Amuletten, die Sie sich um den Hals hängen, gilt das Gleiche wie bei allen magischen Handlungen: Bleiben Sie ganz bei sich, achten Sie sorgfältig darauf, dass Sie niemals die Grenzen eines anderen Menschen überschreiten oder verletzen. Formulieren Sie Ihre Wünsche als Ich-Botschaften und bauen Sie für sich selbst Kontrollen ein, an denen Sie feststellen können, wann diese Wünsche eingetroffen sind. „Ich möchte berühmt werden" ist in diesem Sinne nur dann ein sinnvoller Wunsch, wenn Sie auch definieren, wann Sie selbst sich als Berühmtheit bezeichnen würden – nach dem ersten Fernsehauftritt? Nach dem zweiten Radiointerview? Nach dem dritten Zeitungsartikel?

Ansonsten bleibt uns nur noch, Ihnen die liebevoll gemeinte Warnung mit auf den Weg zu geben: Hüten Sie sich vor Ihren Wünschen – sie könnten in Erfüllung gehen!

In diesem Sinne: Alles Gute für Ihre Zukunft!

Dass diese Hexe als Schutzgeist unser Haus und unseren Hof bewacht, versteht sich wohl von selbst.

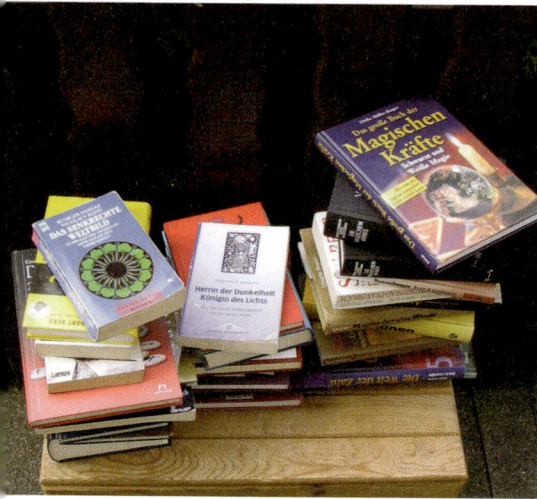

Literaturverzeichnis

Das folgende Literaturverzeichnis ist eine bunte Mischung aus Büchern, die Ihnen ans Herz gelegt seien, Büchern, die von vielen Menschen gerne benutzt werden, und Büchern, die Sie zu einer intensiveren Beschäftigung mit Glücksbringern und verwandten Themen anregen können.

Kein Buch entsteht im luftleeren Raum. Hier ein paar Lesetipps für Sie.

Ascher Ulrike: *Hexen-Einmaleins für freche Frauen – Magie für den Alltag*, Kreuzlingen - München, Heinrich Hugendubel Verlag 2000

Birkhan Helmut: *Kelten*, Wien, Verlag der Österreichischen Akademie der Wissenschaften 1997

Brandl Karin: *Magie – Die Kreativität des inneren Kindes*, München, Knaur 1996

Budapest Zsuzsanna: *Herrin der Dunkelheit – Königin des Lichts, Das praktische Anleitungsbuch für die neuen Hexen*, Freiburg im Breisgau, Verlag Hermann Bauer 1994

Corte Julia, Leondin Maria: *Die Welt der Zahlen – Ihre persönlichen Glückszahlen*, Wien, Tosa Verlag 2004

Dahlke Rüdiger, Klein Nicolaus: *Das senkrechte Weltbild – Symbolisches Denken in astrologischen Urprinzipien*, München, Wilhelm Heyne Verlag 1996

Foster Steven, Little Meredith: *Vision Quest – Sinnsuche und Selbstheilung in der Wildnis*, Braunschweig, Aurum Verlag 1991

Hardie Titania: *Hokus Pokus – Magie der Frauen*, Stuttgart, Kosmos Verlag 1998

Leondin Maria: *Die Liebe im Zeichen der Sterne – Partnerschaftshoroskop*, Wien, Tosa Verlag 1998

Leondin Maria: *Ihr Kind im Zeichen der Sterne – Horoskop und Erziehung*, Wien, Tosa Verlag 1999

Müller-Kaspar Ulrike: *Alltagshexereien – Der kleine Zauber für Haus und Büro*, Kreuzlingen - München, Heinrich Hugendubel Verlag 2002

Müller-Kaspar Ulrike: *Das große Buch der magischen Kräfte – Schwarze und Weiße Magie*, Wien, Tosa Verlag 2004

Müller-Kaspar Ulrike: *Katzen, Kröten, Schornsteinfeger – Das kleine Handbuch des Aberglaubens*, Kreuzlingen - München, Heinrich Hugendubel Verlag 2001

Kurt Benesch (Hrsg.): *Agrippa v. Nettesheim Magische Werke Bd. I–V*, Berlin, Verlag Richard Schikowski 1995

Starhawk: *Mit Hexenmacht die Welt verändern*, Freiburg im Breisgau, Verlag Hermann Bauer 1991

Sun Bear, Wabun Wind, Crysalis Mulligan: *Das Medizinrad Praxisbuch – Übungen zur Heilung der Erde*, München, Goldmann Verlag 1993

Thea: *Hexenwissen – Beschwörungen und Hexenrituale für ein glückliches Leben*, München, W. Ludwig Buchverlag 2000

Treben Maria: *Heilkräuter aus dem Garten Gottes*, München, Wilhelm Heyne Verlag 1986

Ulmer-Janes Eva: *Magie ist keine Hexerei – Vom bewussten Umgang mit Energie*, Wien, Iberia Verlag, European University Press 1997

Vescoli Michael: *Der Keltische Baumkalender – Über den Menschen, die Zeit und die Bäume*, Kreuzlingen - München, Heinrich Hugendubel Verlag 1996

Ziegler Gerd: *Tarot – Spiegel der Seele, Handbuch zum Crowley-Tarot*, Neuhausen, Urania Verlags AG 1994